토론 발표 34

토론 발표 34

:학업과 학종을 위한 실전 가이드

김혜남 유석용 박창숙 이윤림 지음

지상사 Jisangsa

책머리에

토론 발표의 중요성은 아무리 강조되어도 지나치지 않습니다. 중고교 교육 환경에서 다양한 주제를 기반으로 하는 발표 및 토론 활동의 필요성을 인식하고, 이러한 활동을 효과적으로 이끌어 내어 토론 발표 활동을 강화할 때 성공적인 대입을 도모할 수 있고, 궁극적으로는 지적인 발전으로 미래의 인재로 성장하는데 발판이 될 수 있습니다.

발표 토론 활동이 대세로 자리잡는 학생부 종합전형에서 주요 평가 요소인 학업 역량과 전공 적합성으로 연결되어 '합불'을 결정 짓는다 해도 과언이 아닙니다.

비판적이고 창의적인 사고력, 소통과 협업 역량에서 높이 평가 되는 활동입니다. 이러한 흐름에 부응하기 위해 발표 토론 활동을 준비하고 역량을 향상시키는데, 바이블 같은 책이 바로 여러분이 선택한 이 도서입니다.

사실상 토론 발표 능력은 논리적이고 창의적인 사고를 함양하 는데 필수적입니다. 교과 수업이나 사고력 향상을 위해서도 사회 문제의 본질을 이해하고 분석 능력을 향상시키며, 문제 해결 능력

을 향상시키는데 필요한 현재나 미래에 필수적인 능력입니다. 중
고교의 수업이 '고교학점제'로 변화함에 따라 이러한 능력의 개발
은 학업과 진학에 더욱 필수적으로 의미가 부각되고 있습니다.

요즘에 많은 교육청이 도입하고 있는 IB 프로그램 수업도 바로
이러한 효용성에 대비하는 움직임입니다. IB 수업 자체가 전통적
인 지식 전달보다 토론 발표형 수업 중심이라 이를 대비하고 체험
하는데 필수적입니다.

이러한 효용 외에도 학생들에게 다양한 관점을 제공하고, 또한
그들의 토론 발표 능력을 향상시키며, 사회 문제에 대한 이해와
분석 능력을 향상시키는 것이 학업과 미래 인재의 핵심이라고 믿
습니다.

단순히 이슈의 내용을 이해하기보다는 다양한 활동의 예시를
통해 많은 사고 훈련과 연습으로 쟁점을 파헤치고 반론을 제기하
면서 새로운 해결책을 제시하려고 할 때 효과가 배가될 수 있습니
다. 이를 통해 학생들은 미래의 리더로서 필요한 식견과 교양 지적
인 성장을 이룰 수 있을 것입니다.

저자는 서울특별시 교육청의 '대학진학지원단'에서 활동하고 있
는 일선 교사와 사교육에서 논술 교육에 관록이 높은 4명이 집필
하였습니다. 집단 지성의 위력으로 독자들에게 신뢰감을 주고 더
욱 전문성을 인정받을 수 있을 것입니다.

토론 발표를 방법론으로 접근하는 것은 너무 식상하고 본질을

꿰뚫지 못하는 시각입니다. 콘텐츠가 중요하다는 시각으로 분석해보면 답이 나올 것 같습니다.

　그렇기에 요즘 학생들은 자신들이 찾아보기도 하지만 모범 답안을 원하는 경향도 참조했습니다. 정석에 가까운 내용을 참조하여 아이디어를 얻고 확장하는데 충분히 도움을 얻어 학업, 대학 진학 그리고 미래의 인재로 발돋음하는데 소중한 바이블이 될 수 있을 것이라고 생각됩니다.

차례

제3장 환경 및 지속 가능성

제4장 정치 및 사회

사회 및 문화적 변화

01 청년 세대와 문화적 창의성

I 주요 내용과 주장

1 청년 세대는 현대 사회에서 문화적 창의성의 중요한 요소로 인식되고 있습니다. 그들은 새로운 아이디어와 접근 방식을 통해 문화적인 영향력을 행사하고 있습니다.

2 문화적 창의성은 다양성과 열린 마음, 그리고 자유로운 표현을 통해 발현됩니다. 청년들은 이러한 가치들을 중시하며 새로운 문화적 혁신을 이끌고 있습니다.

3 예술, 음악, 영화, 문화, 패션 등 다양한 분야에서 청년들은 자신만의 독특한 시각과 아이디어를 표현하고 있으며, 이를 통해 문화적인 다양성과 창의성을 증진시키고 있습니다.

II 토론 발표의 주요 질문과 쟁점

1 청년 세대가 문화적 창의성을 개발하고 유지하는데 어떤 요소들이 중요한가요?

- **교육 및 학습 환경:** 청년기는 창의성이 발전하는 핵심 시기로, 교육 체계는 이를 지원하고 유도할 필요가 있습니다. 교육 시스템에서는 창의성을 촉진하고 유지할 수 있는 환경과 프로그램을 제공해야 합니다. 예를 들어 예술 교육, 창작 활동, 문화적 활동 등이 이에 해당합니다.
- **자유로운 표현과 다양성 존중:** 문화적 창의성을 유지하기 위해서는 자유로운 표현의 공간이 필요합니다. 다양성을 존중하고 받아들이는 사회적 환경 또한 중요합니다. 이를 통해 청년들은 자신의 아이디어를 자유롭게 표현하고 발전시킬 수 있습니다.
- **자기 조절 능력과 지속적인 학습:** 창의성은 자기 조절 능력과 지속적인 학습에 의해 발전됩니다. 청년들은 실패와 도전을 통해 새로운 아이디어를 발견하고 발전시킬 수 있도록 독려하여야 합니다.
- **다양한 경험과 영감의 공급:** 문화적 창의성을 발전시키기 위해서는 다양한 경험과 영감이 필요합니다. 이를 위해 다양한 예술 작품, 문화 활동, 여행 등을 통해 새로운 아이디어와 영감을 얻을 수 있는 기회를 제공해야 합니다.
- **협력과 공유:** 창의성은 협력과 공유를 통해서 발전됩니다. 청년

들은 다른 이들과의 협력을 통해 새로운 아이디어를 발전시키고, 이를 공유함으로써 다양한 관점을 수용하고 발전시킬 수 있습니다.

2 현대 사회에서 문화적 창의성이 왜 중요한가요? 이는 사회와 개인에 어떤 영향을 미치나요?

- **새로운 아이디어와 혁신의 원천:** 문화적 창의성은 새로운 아이디어와 혁신을 촉진합니다. 새로운 아이디어는 기존의 문제를 해결하고 새로운 가치를 창출하는데 기여하며, 이는 사회의 발전과 성장을 촉진합니다.

- **다양성과 열린 사고를 증진:** 문화적 창의성은 다양성과 열린 사고를 촉진합니다. 다양한 문화적 배경과 관점은 사회적 이해와 포용을 증진시키며, 이는 사회의 조화로운 발전에 기여합니다.

- **문화적 경제의 성장:** 문화적 창의성은 문화 산업의 성장과 경제 발전에 중요한 역할을 합니다. 예술, 디자인, 음악, 영화 등의 분야에서의 창의적인 활동과 새로운 산업을 육성하고 일자리를 창출합니다.

- **자아실현과 만족도 향상:** 문화적 창의성은 개인의 자아실현과 만족도를 높입니다. 창의적인 활동을 통해 자아 표현의 기회를 얻을 수 있으며, 이는 개인의 '삶의 질'을 향상시킵니다.

- **사회적 연대와 소속감 강화:** 문화적 창의성은 사회적 연대와 소속감을 강화합니다. 현대 사회에서는 공유와 협력을 통해 새로

운 문화적 경험을 만들고 공유함으로써 사회 구성원 간의 유대
감을 증진시킵니다.

3 문화적 창의성은 어떻게 발전되고 유지될 수 있을까요? 교육,
정책, 사회적 환경 등이 어떤 역할을 해야 할까요?

- **교육:** 창의성을 촉진하는 교육 체계가 필요합니다. 학교에서는
  예술, 음악, 문학 등의 예술적 활동을 통해 학생들에게 창의적
  사고와 표현력을 길러주어야 합니다. 또한 창의성을 중시하는
  교육 방법과 커리큘럼이 필요하기에, 문제 해결 능력을 키우고
  실패를 허용하는 환경을 조성하여 학생들이 새로운 아이디어
  를 시도하고 실험할 수 있도록 해야 합니다.

- **정책:** 문화적 창의성을 촉진하는 정책이 필요합니다. 문화 예술
  분야에서의 창작을 지원하는 정책과 예술가들의 활동을 보호
  하는 제도를 강화해야 합니다. 창의적인 상업 분야에 대한 지
  원과 장려를 통해서 창의성을 유지할 수 있습니다.

- **사회적 환경:** 다양성과 열린 사고를 증진하는 사회적 환경이 필
  요합니다. 또한 다양한 문화적 배경과 관점을 존중하고 받아들
  이는 사회적 분위기가 창의성을 촉진합니다. 그러므로 공공장
  소나 커뮤니티에서의 창작 활동을 장려하는 사회적 프로그램
  을 통해 사회 구성원들이 창의적인 활동을 할 수 있는 환경을
  조성해야만 합니다.

III 반론 제기

일부 사람들은 청년 세대의 문화적 창의성이 과대평가되고 있다고 주장합니다. 그들은 대부분의 창의성이 단기적이며 현실적인 이득을 가져오지 못한다고 봅니다.

현실적인 가치를 창출하지 못하며, 대부분의 창의성이 단기적인 경제적 이득을 가져오지 못하기에 현실적인 직업적 불안으로 이어질 수 있다고 우려합니다. 또한 청년 세대의 문화적 창의성이 경제적으로 평가될 때 실망스러운 결과를 보인다고 주장하는데, 예술가나 작가 등은 자신의 창의성을 활용하여 생계를 유지하는 것이 어렵다는 현실적인 문제를 제기합니다.

더불어 청년 세대의 문화적 창의성을 과대평가하는 것은 실패와 적응의 어려움을 숨기려는 시도라고 주장합니다. 창의성을 강조하고 실패를 수용하는 문화는 일반적으로 개인들에게 실패의 부담을 덜어주고 실험과 도전을 장려하지만 이러한 접근법은 개인의 안정과 안전을 위협할 수 있다고 우려합니다.

마지막으로, 이들은 청년 세대의 문화적 창의성이 일상적인 경제적 문제나 사회적 문제에 대한 해결책을 찾는 것이 더 중요하며 이러한 우선순위에 더 많은 관심과 자원을 투자해야 한다고 주장합니다.

IV 대안 제시

1 청년 세대의 문화적 창의성을 증진하기 위해 교육 시스템에서 창의성을 중시하는 과목과 프로그램을 더욱 강화해야 합니다.

2 문화 예술 분야에서의 청년 창작물을 지원하고 보호하는 정책과 제도를 확대해야 합니다.

3 문화적 창의성을 촉진하기 위한 다양한 활동과 행사를 조직하여 청년들의 창의성을 증진시킬 수 있습니다.

V 다양한 연관 발표 토론 주제

1 청년 문화 창의성과 심리적 안녕감 간의 관계

청년 문화 창의성과 심리적 안녕감 간의 관계는 청년들이 자신의 창의성을 발휘하고 새로운 아이디어를 탐구하는 과정에서 어떻게 그들의 심리적 안녕감에 영향을 미치는지를 의미합니다. 일반적으로 창의성은 새로운 경험과 자아실현의 기회를 제공하여 개인의 삶에 즐거움과 만족감을 가져다 줄 수 있습니다. 또한 창의적인 활동은 자아 성장과 자기 존중감을 증진시킬 수 있습니다. 따라서 청년들이 자신의 창의성을 표현하고 발전시키는 과정에서 심리적 안녕감을 느끼게 될 것으로 기대됩니다.

2 기술 발전과 청년들의 창의성: 긍정적인 영향과 부정적인 영향

청년들은 디지털 툴과 플랫폼을 통해 자유롭게 아이디어를 표현하고 공유할 수 있습니다. 또한 기술은 문화 산업과의 접목을 통해 새로운 문화적 경험을 제공하고 창의성을 유도합니다. 기술의 발전은 전 세계의 문화 콘텐츠에 손쉽게 접근하게 하여 다양한 문화적 영감을 받고 창의적인 아이디어를 발전시킬 수 있는 기회를 제공합니다.

3 소수 음악 장르와 청년 문화적 창의성의 관련성

소수 음악 장르는 대중적이지 않은 음악 스타일을 가리킵니다. 청년들은 이러한 음악을 통해 자신의 고유한 아이덴티티와 가치를 표현할 수 있는데, 이는 문화적 창의성을 촉진에 기여합니다. 또한 기존의 음악 장르와는 다른 새로운 음악적 양식과 스타일을 탐구하여 다양성과 혁신을 장려합니다. 청년들은 이러한 음악을 통해 사회 문제에 대한 인식을 높이고, 자신의 의견을 표현하며, 변화를 이끌어 내는 데 기여할 수 있습니다.

4 인종 다양성과 청년 문화적 창의성: 사회적 정의와의 연관성

인종 다양성은 다양한 인종, 민족, 문화적 배경을 가진 사람들이 모여있는 환경에서 문화적 창의성이 발휘될 수 있다는 것을 강조합니다. 각기 다른 경험과 관점을 공유하고 조합함으로써 새로운 아이디어와 해결책을 찾을 수 있으며, 이는 문화적 창의성을

높이고 다양한 시각을 통해 문화적으로 풍부한 작품과 활동을 만들어 내는 데 도움이 됩니다. 따라서 인종 다양성과 청년의 문화적 창의성을 함께 고려하면, 다양성과 창의성이 상호보완적으로 작용하여 보다 풍요로운 문화적 경험과 혁신적인 아이디어를 선보일 수 있는 기회를 제공할 수 있습니다.

5 미디어와 청년 문화적 창의성: 영향과 도전

청년들은 문화적 창의성을 통해 새로운 아이디어를 발전시키고 사회에 긍정적인 영향을 미칠 수 있습니다. 문화적 창의성은 예술, 문학, 음악, 영화 등 다양한 분야에서 발휘될 수 있습니다. 또한 미디어는 청년들이 문화적 창의성을 발휘하고 공유하는 주요 수단 중 하나입니다.

소셜 미디어, 온라인 커뮤니티, 디지털 콘텐츠 제작 등을 통해 청년들은 자신의 창의적인 아이디어를 전 세계와 공유할 수 있습니다. 이러한 과정은 문화적 다양성과 혁신을 촉진하며, 청년들의 자아실현과 사회적 발전에 기여할 수 있습니다.

02 다문화 사회와 문화 다양성

I 주요 내용과 주장

■ 문화 다양성의 중요성과 이점

다양한 문화적 배경을 가진 사람들은 서로 다른 관점과 경험을 가지고 있는데, 이는 창의성을 촉진하고 혁신적인 아이디어를 발전시키는데 도움이 됩니다. 다양한 아이디어와 관점은 새로운 방식으로 문제를 해결하고 새로운 제품, 서비스, 기술을 개발하는데 이바지합니다.

경제적 측면에서도 다양한 시장과 소비자 그룹을 대상으로 제품과 서비스를 제공할 수 있습니다. 이는 시장의 확대와 경제 발전에 기여할 수 있습니다. 또한 다른 문화를 가진 사람들 간의 교류와 대화를 통해 상호 이해와 관용을 증진시켜 사회적인 갈등을 줄이고 헌신적인 다문화 사회를 형성하는데 도움이 됩니다.

❷ 다양한 문화 간의 갈등과 통합 문제

문화 간 갈등은 종종 가치, 신념, 관습, 언어, 종교 등의 차이에서 비롯됩니다. 이러한 갈등은 자아 정체성의 혼란, 인종 차별, 소수자 및 이주자에 대한 편견 등을 유발할 수 있습니다. 또한 종종 문화적으로 예민한 주제들에 대한 의사소통 부족에서 비롯될 수 있습니다.

상호 이해와 존중은 다문화 사회의 핵심적인 가치입니다. 문화 간의 대화와 이해를 증진시키는 노력이 필수적입니다. 교육 제도에서는 문화 다양성을 존중하고 이를 교육 과정에 반영하여 다문화 교육 및 문화 간 이해를 강화할 수 있는 프로그램이 필요합니다. 정부 및 지역 사회 단체는 모든 문화적 배경을 고려한 다문화 정책과 프로그램을 지원하여 포용적인 환경을 조성해야 합니다.

❸ 문화적 경계와 소수자 지위

다양한 문화 간의 경계나 장벽은 종종 이해관계의 부재, 편견, 차별, 갈등 등을 유발할 수 있습니다. 문화적 경계를 넘어서는 것은 이러한 갈등을 해소하고 상호 이해를 촉진하는데 중요합니다.

다문화 사회에서 소수자들은 다수 문화로부터의 압력에 노출되어 자신의 문화적 신념과 정체성을 유지하기 어려울 수 있습니다. 소수자의 지위와 권리를 보호하고, 그들의 차별없는 참여를 촉진하는 정책과 제도가 필요합니다.

II 토론 발표의 주요 질문과 쟁점

① 문화다양성이 사회적 통합에 도움이 되는가?

다문화 사회에서 다양한 문화적 배경을 가진 사람들이 함께 살아가는 것은 풍부한 인간 경험과 관점을 제공할 수 있습니다. 또한 다양한 관점과 접근은 새로운 아이디어와 해결책을 발굴하는데, 도움이 될 수 있습니다.

하지만 서로 다른 문화 간의 가치관, 의사소통 방식의 차이로 인해 갈등이 발생할 수 있습니다. 또한 언어 장벽, 인종적, 문화적 차별은 사회의 일부를 격리시키고 사회적 통합을 어렵게 할 수도 있습니다.

따라서 사회적 통합에 도움이 되려면 상호 이해와 존중이 필요합니다. 차별 금지 법률 및 다양성 증진 프로그램은 사회적 공정성을 강화하고 모든 개인이 참여할 수 있는 환경을 조성할 수 있습니다. 다양성을 존중하는 문화가 구축되면 사회적 통합이 촉진될 수 있습니다.

② 문화적인 차별과 갈등은 어떻게 극복할 수 있는가?

문화적 다양성을 이해하고 존중하는 교육과 다문화 교육을 강화하여 문화적 이해를 증진시켜서 인식의 변화를 이끌어 내는 것이 중요합니다. 문화 축제, 공연, 다양한 문화 단체의 활동 등을 통해 서로 다른 문화 간의 교류와 이해를 촉진할 수 있습니다.

문화적인 차별과 갈등을 방지하기 위해서는 다양성을 존중하고 인권을 보장하는 법과 제도를 만들고 이를 엄격하게 집행함으로써 차별과 갈등을 방지할 수 있습니다. 또한 개인 및 단체 간의 열린 대화를 통해 문화적인 오해와 선입견을 해소하는 등 서로 다른 문화 간의 대화와 소통을 촉진하는 것이 중요합니다.

③ 국가는 다문화 사회를 어떻게 지원해야 하는가?

국가는 다문화 사회의 특성을 이해하고 존중하는데 필요한 학교에서의 다양성 교육뿐만 아니라 다문화 가정을 위한 지원 프로그램을 개발하고 지원해야 합니다. 인권을 보호하고 다양한 인구를 보호하기 위한 법률을 제정하고 시행하여 인종, 종교, 문화적 배경에 따른 차별을 금지하고 다문화 사회의 모든 구성원이 동등한 기회를 가질 수 있게 해야 합니다.

다문화 센터를 설립하여 언어 지원, 문화 교류, 직업 훈련 및 상담 서비스를 제공하여 다문화 사회 구성원들이 적응하고 발전할 수 있도록 도와야 합니다. 다문화 사회의 상호 이해와 문화 교류를 촉진하기 위해 다문화 이벤트, 축제 및 프로그램을 지원해야 합니다. 이를 통해 서로 다른 문화 간의 이해와 협력을 증진시키고 사회적 결속력을 강화할 수 있습니다.

III 반론 제기

1 문화 다양성은 사회적 분열을 야기할 수 있음

다문화 사회에서는 서로 다른 문화가 공존하게 되므로 문화적인 가치, 신념 및 관행들 간에 충돌이 발생할 수 있습니다. 예를 들어 언어 사용, 종교적 신념, 결혼 관행 등과 관련된 문화적 갈등으로 나타날 수 있습니다.

특정 문화나 이민자 집단이 사회 경제적으로나 정치적으로 약세에 놓일 경우, 이는 사회적인 불평등과 분열을 초래할 수 있습니다. 문화 다양성이 증가할수록 개인과 집단의 정체성이 혼란스러워질 수 있는데, 특히 이민자들의 경우 자신의 문화적 정체성과 현지 문화 간의 괴리감을 겪게 되면서 사회적인 분열을 초래할 수 있으며 정체성 갈등으로 이어질 수 있습니다.

2 다문화 사회에서의 통합은 어려운 문제이며, 문화 충돌과 경쟁이 빈번하게 발생함

다문화 사회에서는 다양한 언어가 사용되기 때문에 소통에 어려움을 겪을 수 있고 이로 인한 오해와 갈등이 유발되어 통합에 방해가 되는 요소로 작용할 수 있습니다. 또한 현지 주민 간의 경쟁이나, 다른 문화 사이의 경제적 경쟁으로 사회적 긴장과 갈등을 초래할 수 있습니다.

또한 문화 다양성이 존중되지 않거나 인정받지 못하는 문화적

인식이 부족한 경우 통합이 저해되고, 다문화 사회 내의 긴장이 증폭될 수 있습니다. 그렇기에 다문화 정책은 문화 간의 이해를 촉진하고, 모든 사회 구성원이 공정하게 삶을 즐길 수 있는 환경이 조성되어야 합니다.

3 다문화 사회에서의 정체성과 시민권 문제 해결이 필요함

다문화 사회에서 자신들의 문화적 배경과 독특한 정체성을 유지하고 싶어 하지만, 현지 사회와의 이해관계나 경제적 안정을 위해 어떤 정체성의 요소를 포기해야 할지에 대한 고민이 있을 수 있습니다.

또한 자신의 정체성을 유지하면서도 현지 사회에서의 시민권과 권리를 보장받아야 하지만 이는 종종 복잡한 법적 절차와 장벽에 직면하게 되어, 이주민들의 정체성과 시민권 사이의 괴리감을 야기할 수 있습니다.

이러한 문제를 해결하기 위해서는 이주민들의 다양한 문화적 배경이 존중되고 인정되어야 이주민들이 자신의 정체성을 자유롭게 표현하고 유지할 수 있습니다. 시민권이 보장될 수 있도록 법적 절차와 지원 시스템이 개선되어 현지 사회에서 적극적으로 참여하고 자신의 권리를 행사할 수 있도록 해야 합니다.

IV 대안 제시

1 상호 문화 교류와 이해를 증진시키는 교육과 프로그램을 활성화함으로써 통합을 추진

2 다문화 정책과 제도적 지원을 강화하여 문화적 소외를 방지

3 문화 간 대화와 협력을 촉진하는 다문화주의적 접근을 채택

V 다양한 연관 발표 토론 주제

1 다문화 사회에서의 언어 정책과 교육

다문화 사회에서는 주로 한 나라의 공식 언어와 소수 언어가 공존합니다. 언어 정책은 이러한 다양성을 인정하고 공식 언어 교육과 소수 언어 보호를 균형 있게 추진해야 합니다.

언어 교육에 있어서 통합성과 차별성을 동시에 고려해야 하는데 모든 학생이 공평하게 언어를 학습하고 자신의 언어 및 문화적 배경을 존중받을 수 있는 교육 환경을 조성해야 합니다. 이를 통해 학생들은 자신의 언어 능력을 향상시키고 동시에 타문화와 소통할 수 있는 능력을 갖출 수 있습니다.

2 다문화 사회에서의 인권과 정의

다문화 사회에서는 다양한 문화, 종교, 언어, 인종 등이 공존하

는데, 이러한 다양성을 인정하고 존중하는 것이 인권의 핵심 원칙입니다. 모든 사람이 자신의 문화적, 종교적 신념을 존중받고 동등한 기회를 가질 수 있도록 다양성 관리가 필수적인데, 인권은 모든 사람이 이러한 다양성을 존중받고 보호받을 권리를 가지고 있다는 개념과 연결됩니다. 특정 문화나 인종에 대한 편견이나 차별은 인권을 침해하는 것이며, 이를 방지하기 위해서는 교육과 인식 개선이 필요합니다.

3 다문화 사회에서의 종교적 관용과 협력

종교는 개인과 집단의 정체성과 가치관을 형성하는 중요한 요소입니다. 다문화 사회에서는 다양한 종교가 공존함으로써 상호 이해와 조화가 필수적인데, 다른 종교나 신념을 존중하고 이해하는 종교적 관용과 이해가 갈등을 예방하고 조화로운 사회를 구축하는데 중요합니다.

종교 단체 간의 협력은 다문화 사회의 조화로운 발전에 필수적입니다. 공동체 간의 다양한 프로젝트 및 활동을 통해 종교적 협력을 촉진할 수 있습니다. 종교 간의 이해와 관용은 종교 교육과 종교 다양성에 대한 홍보를 통해서 촉진될 수 있습니다.

4 다문화 사회에서의 정체성과 다양성의 균형 유지

다문화 사회에서는 각 개인이 사신의 정체성을 인정하고 존중받는 것이 중요하기에 정체성이 존중되고 다양성을 수용하는 사

회 문화의 조성이 필수적입니다. 모든 개인의 인권과 평등이 보장
되고, 인종, 종교, 성별 등의 다양한 정체성이 존중되기 위해서는
포용적인 사회 기반이 구축되어야 하고 문화 간 이해를 촉진하기
위해 교육과 의사소통 수단이 강화되어야 합니다. 다문화 사회에
서의 정체성과 다양성이 균형 있게 유지될 때 사회의 안정과 발전
이 보장됩니다.

자문화 중심주의와 문화의 사대주의

I 주요 내용과 주장

자문화 중심주의는 문화와 관련된 의사 결정 과정에서 해당 문화 구성원들의 의견, 경험, 지식 등을 주요한 고려 대상으로 삼는 접근 방식입니다. 문화를 이해하고 존중하기 위해 그 속에서 발생하는 다양한 관점과 의견을 수용하고 인정해야 합니다. 각 문화의 관점에서 세계를 이해하는 것이 중요하며, 문화 간 갈등을 최소화하기 위한 기반을 제공합니다.

문화의 사대주의는 특정한 문화나 가치를 다른 문화에 강요하거나 지배하려는 경향을 말합니다. 강대국이나 문화적 영향력이 강한 국가가 자신의 가치나 문화를 다른 국가에 강제로 전파하려는 행위는 문화적인 다양성을 손상시키고, 현지 문화의 소멸을 초래할 수 있습니다.

II 토론 발표의 주요 질문과 쟁점

1 다양한 문화의 의견을 수용하고 존중하는 것이 중요하다면, 어떻게 다양성을 존중하고 통합할 수 있을까?

서로 다른 문화나 관점을 가진 사람들 간의 개방적인 대화와 소통은 다양성을 존중하고 통합하는데 중요합니다. 상호 이해와 공감을 통해 다양한 의견을 수용하고 포용할 수 있습니다. 서로 다른 문화를 이해하고 존중하는데, 중점을 두는 교육 및 훈련 프로그램을 개선하여 문화 간 이해를 증진할 수 있는데, 이를 통해 문화 간 갈등을 최소화하고 상호 존중을 촉진할 수 있습니다.

또한 리더십과 정책 수립자들은 다양한 문화를 포용하고 그들의 의견을 존중하는 문화를 조성해야 합니다. 다양한 출신의 사람들을 고용하고 그들의 의견을 듣고 존중함으로써 문화적 다양성을 증진할 수 있습니다. 더불어 다양한 문화와 관점을 가진 사람들이 공동체에 참여하고 의견을 나눌 수 있는 기회를 제공하는 것이 중요하고, 모든 사람에게 평등한 접근성을 보장하고, 소수 의견을 존중하는 것이 중요합니다.

2 특정 문화나 가치를 중심으로 세계를 이해하거나 지배하려는 태도는 어떤 문제점을 가지고 있으며, 이에 대한 대응책은 무엇인가?

문제점으로는 특정 문화나 가치에 기반한 세계관은 다른 문화나 가치를 이해하지 못하고 편견을 품게 하여 문화 간 갈등과 혐오를 부추길 수 있습니다. 문화적 사대주의는 다양성과 포용성을 부족하게 만들어 다문화주의적 사회의 형성을 어렵게 할 수 있습니다. 또한 특정 문화나 가치를 중심으로 세계를 이해하려는 태도는 사회적 불평등과 차별을 증폭시켜, 특정 문화나 가치에 속하지 않는 사람들은 배제되거나 차별받을 수 있습니다.

대응책으로는 다음과 같은 접근 방법을 고려할 수 있습니다. 다양한 문화나 가치를 존중하고 이해하기 위해 문화 간 대화와 상호 이해를 촉진하는 프로그램을 개선하고 확대할 필요가 있습니다. 포용성과 다양성을 증진시키는 교육과 정책을 적극적으로 시행하여, 사회적으로 모든 인원이 다양한 문화와 가치를 존중하고 포용할 수 있는 환경을 조성해야 합니다.

리더십은 문화 간 이해와 포용을 증진시키기 위해 중요한 역할을 해야 합니다. 리더들은 다양한 문화와 가치를 존중하고 인종, 성별, 종교 등의 차별 없이 모든 개인을 포용하는 문화를 조성해야 합니다. 더불어 사회 제도와 정책을 개선하여, 다양한 문화적 배경을 고려한 정책을 시행하고 사회적 차별을 없애는 데 기여할 수 있습니다.

III 반론 제기

1 다양성을 중요시하는 것이 문화적인 통합을 어렵게 만들고, 갈등을 부추길 수 있다는 우려가 있습니다. 또한 모든 문화나 관점을 수용할 수 있는지에 대한 의문이 제기될 수 있습니다.

다양성이 과도하면 사람들이 서로 다른 문화와 가치에 대해 이해하고 통합되는 것이 어려워질 수 있다는 주장입니다. 서로 다른 문화나 가치를 갖는 사람들 간에 충돌이 발생할 가능성이 있고, 이는 사회적인 갈등을 촉발할 수 있다는 의견입니다. 어떤 문화나 관점은 다른 것보다 더 많은 영향력을 갖고 있을 수 있으며, 이는 다양성을 중요시하는 자문화 중심주의의 원칙과 충돌할 수 있다는 우려를 제기하고 있습니다.

2 문화 사대주의적 태도는 문화적인 다양성을 무시하거나 평가하려는 시도일 수 있으며, 이는 인권 침해로 이어질 수 있다는 비판이 있습니다.

문화 사대주의는 특정 문화나 가치를 절대적으로 중시하고 다른 문화를 무시하거나 그들의 가치를 평가하는 경향이 있습니다. 이로 인해 다양한 문화가 소외되거나 평가받지 못할 수 있습니다. 또한 문화 사대주의는 특정 문화나 가치에 따라 사람들의 인권을 침해할 수 있습니다. 특정 문화나 가치에 부합하지 않는 사람들은 차별을 받거나 억압당할 수 있으며, 이는 인권 침해로 이어질 수 있다는 비판이 있습니다.

IV 대안 제시

1 문화적 다양성을 존중하면서도 공통된 가치나 이해관계를 형성할 수 있는 방법을 모색해야 합니다. 이를 위해 상호 문화 대화, 교육, 협력 등을 강화하는 방향으로 나아갈 수 있습니다.

2 문화 사대주의적인 태도를 극복하기 위해서는 문화 간 이해와 존중을 증진하고, 상호 우호적인 관계를 형성할 수 있는 다양한 노력이 필요합니다. 이를 통해 인권과 다양성을 존중하는 문화를 구축할 수 있습니다.

V 다양한 연관 발표 토론 주제

1 다문화 사회에서의 공존과 문화적 통합에 대한 전략

　문화적 다양성은 사회적 풍요로움을 가져다 줄뿐만 아니라, 각 문화적 집단의 정체성을 인정하고 존중하는데 중요합니다. 정부 및 사회 기관은 이러한 다양성을 인정하고, 권리와 책임의 개념을 강화하여 다문화 사회 내의 모든 집단을 포용할 수 있는 정책을 채택해야 합니다.

　상호 문화 대화는 문화 간 이해와 화합을 증진시키는 핵심 요소이며, 이는 다문화 사회에서 공존과 통합을 이루는 데 필수적

입니다. 교육 기관과 사회단체는 상호 문화 대화를 촉진하기 위한 프로그램과 활동을 개발하고, 다문화주의 및 혐오에 대한 인식 개선을 위한 노력을 기울여야 합니다.

인권과 평등은 다문화 사회에서의 공존과 통합을 위해 필수적인 기반 요소입니다. 모든 사람에게 균일한 인권과 기회를 제공하기 위해 정책과 제도를 개선해야 합니다. 또한 인종, 종교, 출신 등과 같은 개인의 문화적 특성에 따라 차별이 없는 사회를 조성해야 합니다.

② 글로벌 시대의 문화 간 충돌과 협력의 방안

문화의 사대주의는 특정 문화를 우위에 두려는 경향이 있어 다른 문화와 충돌을 초래할 수 있습니다. 문화적 영향력이 있는 국가가 자신의 가치를 전파하려 할 때, 현지 문화의 저항이 일어날 수 있습니다.

상호 문화 교류와 협력을 통해 다양한 문화 간에 갈등을 완화하고, 상호 이해와 배움의 기회를 제공하여 글로벌 문화적 연대를 구축할 수 있습니다. 다문화 교육, 문화 교류 프로그램, 상호 문화 이해를 촉진하는 활동들을 통해 다양한 문화 간의 이해를 증진시키고 글로벌 문화적 협력을 강화할 수 있습니다.

③ 인권과 문화적 자유의 관계에 대한 논의

자문화 중심주의 관점에서 인권과 문화적 자유는 서로 보완적인 요소로 간주됩니다. 각 문화의 특성과 가치를 존중하면서도 인권을 보장하고 사회적 평등을 추구해야 한다는 입장입니다.

문화적 자유는 다양한 문화적 관습과 신념을 수용하고 존중함으로써 인권을 증진시킬 수 있다는 주장이 있습니다. 그러나 인권에 대한 보호가 문화적 관습과 충돌할 때는 인권이 우선되어야 한다는 견해도 참고해야 합니다.

문화의 사대주의 관점에서는 특정 문화나 가치를 우위에 두고 다른 문화를 지배하려는 경향은 종종 인권 침해로 이어질 수 있습니다. 특정 인권을 무시하거나 억압하려는 경향은 사회적인 불평등과 혐오를 증가시킬 수 있습니다.

04 페미니즘과 문화적 성평등

Ⅰ 주요 내용과 주장

페미니즘(Feminism)은 여성의 사회적, 정치적, 경제적 평등을 추구하는 운동이며, 문화적 성평등은 성(性)에 관한 편견과 고정관념을 극복하고 모든 성별에게 공정한 기회를 제공하는 것을 목표로 합니다.

페미니즘은 사회 구조와 문화를 개선하여 여성의 권리를 증진시키고 성별에 따른 차별을 해소해야 합니다. 문화적 성평등은 성 정체성에 따른 편견과 성적인 차별을 없애고, 모든 사람이 자유롭고 공정한 환경에서 살 수 있도록 해야 합니다.

Ⅱ 토론 발표의 주요 질문과 쟁점

❶ 여성의 권리와 성평등을 실현하기 위해 어떤 정책과 제도가 필요한가?

여성에 대한 교육 접근성을 높이고, 교육의 질을 향상시켜 남녀

간의 교육 격차를 줄이는 것이 중요합니다. 여성에 대한 폭력과 차별을 예방하고, 대응하기 위한 법적인 보호 강화가 필요합니다. 여성의 경제적 자립을 촉진하기 위해 육아 휴직 제도를 확대하고 성별에 기반한 임금 격차를 해소하는 등 경제적인 차별을 없애야 합니다. 또한 여성들의 정치적 참여를 증진시켜 그들의 목소리가 정책 결정에 반영되게 해야 하고, 성별에 대한 편견과 차별을 극복하기 위해 성별에 기반한 고정 관념을 깨는 것이 중요합니다.

② 문화적인 변화를 위해 어떤 교육과 인식 활동이 필요한가?

성별에 대한 편견과 고정 관념을 극복하기 위해 성평등에 대한 교육 프로그램을 도입하여 다양성과 포용을 증진시키는 것이 중요합니다. 성별에 따른 역할과 기대에 대한 인식을 변화시키기 위해 성별 편견에 대한 인식을 높이고, 성적 지향성과 성 정체성에 대한 이해를 촉진시키는 활동이 필요합니다.

미디어 교육 프로그램을 통해 성별에 대한 고정 관념을 극복하고 다양성을 증진시켜야 하며, 다문화 교육 프로그램을 통해 인종, 종교, 문화 등 다양한 측면에서의 평등을 촉진하는 것이 중요합니다.

③ 페미니즘은 여성에게만 중점을 둘까, 아니면 모든 성별에게 적용되어야 할까?

일부 사람들은 여성에 대한 구조적 차별과 특정 문제점을 해결하기 위해 여성에게만 중점을 두어야 한다고 주장합니다. 이러한 입장에서는 특정한 역사적, 사회적, 경제적 배경에서 여성이 직면하는 문제들을 우선적으로 다루어야 한다는 주장이 나올 수 있습니다.

일부 사람들은 페미니즘이 여성뿐만 아니라 모든 성별에 대한 평등을 추구해야 한다고 주장합니다. 포용성과 다양성을 강조하며 페미니즘이 여성, 남성, 비이진성을 포함한 모든 성별에 대한 인권과 정의를 추구해야 한다고 주장하는 입장도 있습니다.

현재 사회에서는 여성뿐만 아니라 다양한 성별과 이를 교차하는 다른 측면에서도 여전히 차별과 불평등이 존재합니다. 이에 대한 대응이 페미니즘의 범위를 넓히는 것이 필요한지, 아니면 여성에 대한 중점적인 대응이 더 적절한지에 대한 논의가 중요합니다.

III 반론 제기

1 일부 사람들은 페미니즘이 남성을 혐오하는 운동이라고 주장할 수 있습니다. 이에 대한 반박과 페미니즘의 진정한 의미를 설명할 필요가 있습니다.

페미니즘이 남성을 혐오하는 운동이라는 주장은 잘못된 인식에 기반한 오해입니다. 페미니즘은 여성의 권리와 성평등을 추구하는 운동이며, 남성과 여성 모두에게 이익을 가져다주는 것을 목표로 합니다. 여성이 겪는 사회적, 경제적, 정치적으로 불평등한

제1상 사회 및 문화적 변화

상황을 개선하기 위한 노력의 일환으로써, 페미니즘은 남성들에게도 긍정적인 영향을 미칩니다.

페미니즘은 남성의 역할과 기대에도 주목하는데, 남성들 역시 사회적으로 설정된 남성성에 대한 편견과 제한을 경험하며, 이는 남성들 사이에서도 스스로를 자유롭게 표현하고 편안하게 살 수 있는 여건을 방해합니다. 페미니즘은 남성들이 자유롭게 감정을 표현하고 취향을 가질 수 있도록 지지하며, 가족과 직장에서의 책임을 공평하게 나눌 수 있는 사회적 환경을 조성합니다.

또한 페미니즘은 성평등을 위한 운동으로써 남성들이 성차별에 맞서 싸우는 것을 장려하는데 가정 폭력이나 성폭력과 같은 문제에 대한 인식을 높이고, 남성도 이러한 문제에 대한 책임을 져야 한다는 점을 강조합니다. 따라서 페미니즘은 남성과 여성이 모두 성평등 사회를 형성하는데 필수적인 역할을 합니다.

2 페미니즘과 문화적 성평등을 실현하기 위한 정책들이 사회나 경제에 미치는 부작용에 대한 우려가 있을 수 있습니다. 이에 대한 대응책을 마련해야 합니다.

정책을 수립할 때 모든 층위의 여성과 남성, 그리고 다양한 성정체성를 고려하여 다양성을 포용하는 정책을 마련해야 합니다. 페미니즘의 문화적 성평등에 대한 이해를 높이고, 정책의 목적과 이점을 인식하도록 히는 것이 중요합니다.

부작용을 최소화하기 위해 정책을 수립할 때 그 부작용을 완화하는 추가적인 정책이나 지원 시스템을 함께 고려해야 합니다. 정책의 실행 과정에서 부작용을 감시하고, 그에 따른 조치를 위할 수 있는 모니터링 및 평가 체계를 구축해야 합니다.

정책 수립 및 실행에 관련하여 이해관계자들의 다양한 의견을 수렴하여 반영하고 협력하여 보다 효과적인 정책을 만들어 나가는 것이 중요합니다.

IV 대안 제시

1 성평등을 위해 교육 제도에서 성평등 교육을 강화하는 방안을 제시할 수 있습니다.

성차별에 대한 인식과 이해를 높여 성평등과 다양성에 대한 개념을 습득하고, 편견과 차별을 극복하는 방법을 배워야 합니다. 성평등에 대한 이해를 높이고 성차별에 대한 인식을 개선해야 학교 내에서 성평등 문화를 구축할 수 있습니다.

교육 자료와 교재에서 성평등과 다양성을 반영하고, 다양한 인문과 이야기를 소개하여 학생들이 다양성을 인식하고 이해할 수 있도록 하는 것이 중요합니다. 이를 통해 학생들의 관심을 유도하고 성평등에 대한 이해를 높일 수 있습니다.

학교 내 성차별이나 괴롭힘에 대한 대응 정책을 보다 강화하여 학생들의 안전을 보장하고 성평등을 실현하는 것이 중요합니다.

2 여성 리더십을 촉진하기 위한 정책과 프로그램을 도입하는 것도 대안으로 고려될 수 있습니다.

여성들이 리더십을 촉진하기 위한 정책과 프로그램에는 리더십 기술 향상, 의사 결정 능력 강화, 네트워킹 기회 제공 등의 내용이 포함될 수 있습니다. 이러한 교육과 지원은 직업적 성과를 높이고, 승진 기회를 확대합니다.

성별에 관계없이 공정한 승진 기회를 보장하는 정책은 성별 차별 없이 업적과 역량을 인정하고, 다양한 배경을 가진 여성들이 리더로 성장하도록 돕습니다. 여성 리더의 멘토링 및 지원은 이들의 경험과 지식을 공유하고, 신규 리더들의 성장을 촉진할 수 있습니다.

V 다양한 연관 발표 토론 주제

1 성평등과 직장 내 차별

여성이 동일한 업무를 하더라도 남성에 비해 더 적은 임금을 받는 경우가 많습니다. 승진과 채용에서도 차별을 당하는 경우가 있습니다. 이는 경력 발전과 직업적 성취를 제한하고, 조직 내 다양성을 훼손시키는 문제점입니다.

가부장적인 문화나 성차별적인 업무 환경도 직장에서 여성들로 하여금 더 어려움을 겪게 하고, 차별과 괴로움을 경험하게 만드는 요인 중 하나입니다.

직장 내 성차별 문제를 해결하기 위해서는 조직 내 문화 변화를 촉진하고, 성평등을 지향하는 정책을 수립하고 시행하는 것이 필요합니다. 성별에 관계없이 공정한 임금과 승진 기회를 보장하는 등의 정책적 개선이 필요합니다.

2 성평등과 정치 참여율

성별에 따른 사회적 역할과 기대, 그리고 정치적인 권력 구조에서의 차별로 여성들의 정치 참여율이 남성들에 비해 낮은 경우가 많습니다. 정치적인 결정에 참여하기 어려운 환경은 정치적인 네트워크의 부재, 성차별적인 사회적 문화, 그리고 정치적으로 여성을 배제하는 제도와 관행들이 이유일 수 있습니다.

여성의 정치 참여율을 높이기 위해서는 성별에 관계없이 공정한 후보자 선출 절차를 보장하고, 성별에 관계없이 정치 활동에 대한 접근성을 확대하는 정책이 필요합니다. 성별뿐만 아니라 인종, 성 정체성, 출신 국가 등의 다양한 측면을 존중하는 정치 문화가 조성되어 다양한 시각과 경험이 반영된 정책 결정과 정치 활동이 가능해질 수 있습니다.

3 성평등과 매스 미디어의 역할

매스 미디어는 성별에 따른 편견을 형성하고, 이를 강화시키는 역할을 수행할 수 있습니다. 매스 미디어는 성별에 따른 역할 모델을 형성하는 경향이 있습니다. 여성들의 다양성과 역할을 보여주는 콘텐츠를 확대하고, 성별에 관계없이 공정한 표현을 지향하는 등의 노력이 필요합니다.

미디어 교육을 통해 성별에 다른 편견을 인식하고, 다양성을 존중하는 태도를 형성하는 것이 중요합니다. 매스 미디어 산업 내에서 다양성을 증진하고, 여성의 목소리와 관점을 보다 활발하게 반영할 수 있는 시스템과 정책을 마련하는 것이 필요합니다.

O5 소비자 문화와 지속 가능한 소비
: 소비자의 역할과 기업의 책임

I 주요 내용과 주장

소비자의 선택이 기업의 제품 생산과 사회적 책임에 영향을 미치는 관계에 대한 내용입니다. 소비자의 역할이 지속 가능한 소비 문화를 형성하는데, 결정적인 역할을 한다고 주장합니다. 기업은 이러한 소비자의 요구에 부응하고 지속 가능한 제품과 생산 과정을 제공하는데 책임이 있다는 시각을 제시합니다.

II 토론 발표의 주요 질문과 쟁점

1 소비자는 어떻게 지속 가능한 소비문화를 형성할 수 있는가?

지속 가능한 소비문화를 형성하기 위해서는 소비자들은 자원의 제한성, 환경 파괴의 위험성 등에 대한 이해를 높이는 등 먼저 소비자들의 인식과 인식을 바탕으로 한 교육이 필요합니다.

소비자들은 자신의 소비 패턴을 재고하고, 환경에 부담을 주지 않으면서도 소비할 수 있는 방법을 모색해야 합니다. 환경친화적 제품을 선호하고, 리사이클링을 적극적으로 실천하는 방법들이 제시될 수 있습니다.

소비자들은 환경친화적 제품을 선호하고 지속 가능한 기업에 소비를 집중함으로써 기업들에 변화를 요구하는 등 소비 선택을 통해 기업의 행동을 좌우할 수 있는 힘을 가지고 있습니다. 이를 통해 기업은 소비자의 요구에 부응하고, 지속 가능한 제품을 생산하도록 유도될 수 있습니다.

소비자들은 기업의 사회적 책임과 윤리적 행동을 강조하는 운동에 참여하고, 이를 통해 사회적으로 책임 있는 기업들을 선호함으로써 지속 가능한 소비문화를 형성하는 등 사회적 영향력을 발휘할 수 있습니다.

② 기업은 어떤 책임을 지고 지속 가능한 제품을 제공해야 하는가?

기업의 환경적 책임으로 생산과 소비 과정에서 발생하는 환경 오염을 최소화하기 위해 노력해야 합니다. 친환경 자원 활용, 재활용 가능한 제품 디자인, 친환경 생산 과정 등을 도입하여 지속 가능한 제품을 제공해야 합니다.

기업의 사회적 요구와 기대에 부응하기 위해 공정한 임금과 노동 조건 제공, 지역 사회 발전에 기여하는 프로젝트 참여, 다양성과 포용을 존중하는 조직 문화 조성에 중요한 역할을 해야 합니다.

또한 비용 효율적인 생산 방법 도입, 공정한 가격 제시, 지속 가능한 이익 창출을 통해 신뢰성 있는 기업 운영의 보장 등 경제적인 책임을 고려해야 합니다. 지속 가능한 제품을 개발하기 위해 혁신적인 방법과 기술을 적극 도입해야 하며, 제품의 생산 과정과 재료, 환경 영향 등에 대한 투명성을 제공하고 소비자와의 적극적인 소통을 중시해야 합니다.

III 반론 제기

1 소비자의 한계: 소비자들이 지속 가능한 제품을 선택할 때 가격, 편의성 등의 요인을 우선시하는 경향이 있습니다.

지속 가능한 제품은 종종 일반 제품보다 가격이 높을 수 있으며, 이로 인해 소비자들은 가격을 우선시하여 저렴한 제품을 선택할 수 있습니다. 또 다른 요인은 지속 가능한 제품이 종종 사용이 복잡하거나 효율성이 떨어질 수 있어, 소비자들은 편의성을 우선시하여 지속 가능한 제품보다는 더 편리한 제품을 선택하는 경향이 있습니다.

지속 가능한 제품에 대한 정보의 부족도 소비자들이 선택을 어렵게 만드는 요인 중 하나이며, 마케팅도 소비자들의 선택에 큰 영향을 끼치는데 종종 기업들은 지속 가능한 제품을 마케팅하고 홍보할 때 가격이나 편의성보다 환경적 가치를 강조합니다. 이러한 요인들을 고려하여 적절한 대안을 모색하는 것이 중요합니다.

2 기업의 제약: 지속 가능한 제품을 생산하기 위해서는 추가 비용과 기술적 제약이 발생할 수 있습니다.

친환경적 재료나 생산 과정을 도입하거나 환경 보호를 위한 인증을 받기 위해서는 초기 투자와 운영 비용이 더 많이 필요하기에 기업은 비용 부담이 높아질 수 있으며, 가격 경쟁력을 잃을 우려가 있습니다. 기술적인 노하우와 연구 개발 비용이 필요하기에 기술적인 제약에 직면할 수 있기에, 이것이 기업의 능력과 리소스에 따라 생산을 제한할 수 있습니다.

경쟁적인 시장 환경에서는 가격 경쟁력이 중요하기에, 지속 가능한 제품을 생산하려면 추가 비용을 감당하더라도 가격 경쟁력을 유지해야 하기에 지속 가능성과 경쟁력 간의 균형을 유지해야 하는 어려움에 직면하게 됩니다.

마지막으로 소비자들의 지속 가능한 제품에 대한 수요와 인식도 제한적일 수 있는데, 소비자들이 가격이나 편의성을 더 중요하게 생각한다면 기업이 지속 가능한 제품에 투자하는 것이 어려울 수 있습니다.

IV 대안 제시

1 교육과 정보 제공: 소비자 교육 프로그램과 제품 라벨링 시스템을 강화하여 지속 가능한 제품에 대한 의식을 높임

소비자 교육 프로그램을 강화하여 지속 가능한 소비에 대한 이

해와 인식을 증진시켜, 환경 친화적 제품을 선택하는 방법과 소비 행동의 영향을 이해하고, 지속 가능한 소비에 대한 책임을 자각할 수 있습니다.

환경친화적 제품이나 지속 가능한 생산 방식을 채택한 제품에는 적절한 라벨이 부착되어 있어야 합니다. 이를 강화함으로써 소비자들은 제품의 환경적 특성을 쉽게 파악할 수 있으며, 지속 가능한 제품을 우선적으로 선택할 수 있습니다.

교육과 정보 제공을 강화하여 지속 가능한 제품에 대한 의식을 높이며, 소비자들은 환경 보호와 지속 가능한 발전에 대한 더 큰 관심을 가지게 될 것이고, 소비자들의 요구에 부응하는데 도움이 될 것입니다.

2 기업의 책임 강화: 환경친화적 제품 및 생산 과정을 채택하고, 이를 소비자에게 공개하여 투명성을 확보함

기업은 환경친화적인 제품 디자인과 생산 과정을 채택하여 자원 소비를 최소화하고 환경 부담을 줄일 수 있습니다. 이를 통해 탄소 배출, 에너지 소비, 자원 소모들을 줄이고 지속 가능한 경영을 실현할 수 있습니다.

기업은 환경친화적 제품과 생산 과정에 대한 정보를 소비자에게 공개하여 투명성을 확보해야 하며, 환경친화적 제품과 생산 과정을 공개함으로써 소비자들의 인식이 변화할 수 있습니다.

환경친화적 제품과 생산 과정을 채택한 기업은 환경 보호에 대

한 사회적 요구에 부응하면서도 경쟁력을 강화할 수 있습니다. 지속 가능한 제품에 대한 수요가 증가하고, 소비자들의 신뢰를 얻으면서 기업의 브랜드 이미지를 향상시킬 수 있습니다.

환경 보호와 지속 가능한 발전에 대한 노력은 사회적 가치 창출에도 크게 기여할 수 있습니다. 또한 사회적으로 칭찬받을 뿐만 아니라 지속 가능한 경제와 생태계의 보전에도 긍정적인 영향을 미칠 것입니다.

V 다양한 연관 발표 토론 주제

■ 소비자 보호와 권리: 소비자의 권리와 보호에 관한 토론

소비자는 제품의 안정성, 품질, 정보 접근성 등을 보장받아야 하기에, 소비자의 권리를 강화하고 보호하기 위한 법과 정책이 필요합니다. 소비자는 자신의 권리와 책임을 인식하고, 올바른 소비 판단을 내리기 위해 교육과 정보가 필요합니다.

소비자 보호 조직은 소비자의 권리를 지키기 위해 소비자의 불만 처리, 소비자 권리 보장, 소비자를 위한 법률 지원 등의 역할을 수행하여 소비자의 권리와 안전을 보호에 만전을 기해야 합니다.

소비자 보호는 기업의 책임도 필요한데, 기업은 소비자에게 투명한 정보를 제공하고, 공정한 거래를 유지해야 하는 책임을 지고 있습니다. 수비자의 권리를 존중하고 소비자의 요구를 충족시기는 기업은 고객들의 신뢰를 얻을 수 있으며, 이는 기업의 지속 가능한 성장에도 도움이 됩니다.

마지막으로 법과 정책의 강화가 소비자 보호를 위해서 필수적인데, 불공정한 거래나 소비자 권리 침해에 대한 엄격한 법률과 제도가 마련되어야 소비자의 보호가 실질적으로 보장됩니다.

② 환경 보호와 기업 책임: 기업이 지속 가능한 환경 관리를 위해 어떤 책임을 져야 하는지에 대한 토론

기업은 탄소 배출과 에너지 사용을 줄이는 것이 환경 보호에 기여하는 가장 중요한 요소 중 하나이고, 자원의 효율적인 관리와 재활은 기업이 책임을 져야 하는 중요한 부분입니다.

생산 과정을 지속적으로 개선하여 환경 영향을 최소화는데 집중해야 하는데, 친환경적인 재료와 공정을 도입하고, 환경 오염을 최소화하는 노력을 기울여야 합니다. 또한 환경 인증을 받고 환경 보고서를 작성하여 환경 영향을 투명하게 공개해야 소비자와 이해관계자들에게 신뢰를 줄 수 있습니다.

지역 사회와의 파트너십을 구축하고 환경 보호에 대한 이해관계자들의 의견을 듣고 반영하는 것 또한 기업의 중요한 책임으로 간주됩니다.

06 정의와 다양성

I 주요 내용과 주장

다양성은 인간의 고유한 특성을 인정하고 존중함으로써 사회적 차별을 완화할 수 있습니다.

정의는 모든 개인이 공평하고 평등한 기회를 가지며, 차별과 불평등에 대해 행동하는 것을 의미합니다.

II 토론 발표의 주요 질문과 쟁점

■ 다양성은 어떻게 사회적 정의를 촉진하는가?

다양성은 사회적 정의를 촉진하는데, 중요한 역할을 합니다. 다양성은 모든 사람이 자신의 고유한 특성과 배경을 인정받고 존중받을 수 있는 환경을 조성합니다. 이는 각 개인의 공평한 기회와 접근을 보장하며, 사회적으로 소외된 그룹의 권리와 목소리를 증진시킵니다. 또한 다양성은 창의성과 혁신을 촉진하여 사회와 경제적 성장에 긍정적인 영향을 미칩니다.

사회적 정의를 실현하기 위해서는 다양성을 존중하고 포용하는 정책과 문화가 필요합니다.

다양성은 사회적 정의를 촉진하는 가장 기본적인 요소 중 하나입니다. 각종 문화적, 사회적 차별에 대한 인식을 높이고, 이에 대한 이해와 존중을 바탕으로 한 포용적인 사회를 구축하는 것이 필요합니다.

이를 통해 다양한 배경과 신념을 가진 사람들이 모두 동등한 기회를 가지고 사회적으로 발전할 수 있는 환경을 조성할 수 있습니다. 따라서 다양성을 존중하고 포용하는 사회는 보다 공정하고 사회적으로 안정된 사회를 구축하는데 기여할 수 있습니다.

② 정의를 실현하기 위해 어떤 종류의 다양성이 필요한가?

정의를 실현하기 위해서는 다양한 종류의 다양성이 필요합니다. 이에는 인종, 성별, 성 정체성, 종교, 출신 국가, 사회 경제적 지위, 능력 등 다양한 측면의 다양성이 포함됩니다. 이러한 다양성은 모든 개인이 공평하고 평등한 기회를 가지고 자신의 잠재력을 최대로 발휘할 수 있도록 도와줍니다. 각종 차별에 맞서고 포용적인 사회를 구축하기 위해서는 이러한 모든 다양성을 인정하고 존중하는 것이 중요합니다.

다양성은 사회적 정의의 핵심적인 요소 중 하나입니다. 인종, 성별, 성 정체성, 종교 등의 차이를 인정하고 존중하는 것은 공정하고 포용적인 사회를 구축하는데 필수적입니다. 이러한 다양성은 각 개인의 고유한 경험과 관점을 반영하여 사회의 모든 영역에서 혁신과 발전을 촉진합니다. 따라서 정의를 실현하기 위해서는 모든 종류의 다양성을 인정하고 이를 포용하는 사회적 환경이 필요합니다.

❸ 문화적, 사회적 차별을 극복하고 정의를 실현하기 위해 어떤 정책과 실천 방안이 필요한가?

차별과 편견에 대한 인식을 높이기 위해 다문화 교육과 인권 교육을 강화하여 사회적 편견을 줄이고 포용적인 분위기를 조성해야 합니다.

다문화 정책을 통해 이민자, 소수 민족, 성 소수자 등 다양한 집단의 권리를 보호하고 포용하는 사회를 구축해야 합니다. 이를 위해 언어 지원, 문화 프로그램, 다양성 증진을 위한 정책을 마련해야 합니다. 차별과 폭력 행위에 대한 엄격한 법률을 도입하고, 이를 집행하기 위한 효과적인 제도를 강화해야 합니다.

리더들은 다양성을 존중하고 인종, 성별, 성 정체성, 종교 등에 대한 편견과 차별에 맞서는 모범을 보여야 합니다. 리더십에서의 다양성과 포용은 사회적 차별을 극복하고 정의를 실현하는데, 중요한 역할을 합니다. 다양한 집단의 사회적 참여를 촉진하여 그들의 목소리를 듣고 그들의 권리를 보장해야 합니다. 이를 통해 소수자의 의견이 반영되고 사회적 평등이 실현될 수 있습니다.

Ⅲ 반론 제기

1 일부는 다양성이 사회의 통합을 방해할 수 있다고 주장합니다.

다양성이 증가하면 각 문화 간의 충돌이 발생할 수 있다는 우려가 있습니다. 서로 다른 문화나 가치관을 가진 사람들 사이의 갈등과 분쟁이 발생할 수 있으며, 이는 사회의 통합을 방해할 수 있습니다.

다양성이 증가하면 사회 내에서 그룹 간의 분열이 증가할 수 있다는 우려가 있습니다. 이는 사회적 유대감을 약화시키고, 사회의 통합을 방해할 수 있습니다. 또한 문화적 다양성은 사회에 경제적 부담을 가져올 수 있다는 우려가 있는데, 다양한 문화적 요구를 수용하기 위해 추가 비용이 필요할 수 있으며, 이는 사회의 통합을 방해할 수 있습니다.

2 다양성을 강조하는 것이 사회적 차별을 더 심화시킬 수 있다는 우려가 있습니다.

다양성을 강조하는 것은 종종 그룹 간의 갈등을 부추길 수도 있습니다. 특정 그룹이 다른 그룹보다 우선되거나 특권을 누리는 것으로 여겨질 수 있으며, 이는 사회적 분열을 심화시킬 수 있습니다.

다양성을 강조하는 것이 일부 그룹을 배제할 수 있다는 우려가 있는데, 특정한 이념이나 관점을 가진 그룹들이 제외되는 경우가 발생할 수 있으며, 이는 그룹의 사회적 차별을 심화시킬 수도 있습니다.

마지막으로, 다양성을 강조하는 것은 종종 정치적인 이용의 대상이 될 수 있습니다. 특정 정치적 그룹이 다양성을 이용하여 자신의 목적을 달성하려는 시도할 수 있으며, 이는 사회적 분열을 증가시킬 수 있습니다.

IV 대안 제시

1 교육을 통해 다양성을 존중하고 인권을 증진하는 프로그램을 강화해야 합니다.

교육을 통해 다양성을 강조하고 존중하는 문화를 존중해야 합니다. 학교, 기업, 사회단체 등에서의 교육 프로그램을 통해 다양한 문화와 관점을 이해하고 존중하는 태도를 심어줄 수 있습니다. 교육을 통해 인권에 대한 이해를 높이고, 각종 차별에 대한 인식을 증진하는 프로그램이 필요합니다.

인권을 존중하고 보호하는 사회적인 문화를 구축하기 위해 교육이 중요한 역할을 합니다.

교육을 통해 다양성을 존중하고 인권을 증진하는 프로그램을 강화함으로써 사회적 통합을 촉진할 수 있습니다. 모든 개인이 자신의 다양성을 인정받고 존중받을 수 있는 환경을 조성하여 사회적인 차별을 줄일 수 있습니다.

젊은 세대부터 시작하여 인권을 존중하고 다양성을 이해하는 문화가 정착되면, 사회적인 차별과 불평등을 줄이는 사회적인 변화를 이끌어 낼 수 있습니다.

2 다양성을 포용하는 사회적 및 법적 정책을 채택하여 사회적 차별을 줄여야 합니다.

사회적 다양성을 증진시키기 위한 프로그램 및 정책의 채택은 다양한 인종, 성별, 성적 지향, 종교, 문화적 배경 등 모든 이들에게 공정한 기회와 대우를 제공하는 것을 목표로 합니다. 다양성을 존중하고 포용하는 법적 보호를 강화하는 것은, 차별 금지법을 강화하고, 차별 행위에 대한 엄격한 처벌을 부여함으로써 사회적 차별을 줄이는데 기여합니다.

또한 모든 이들이 균등한 기회를 가질 수 있도록 교육, 일자리, 건강, 주거 등 모든 분야에서의 차별이 없는 접근 기회를 보장함으로써, 사회적 차별을 줄이고, 다양성을 포용하는 사회를 구축할 수 있습니다.

이외에 사회적 다양성을 존중하고 포용하는 문화를 정착시키기 위해 인식의 변화가 필요한데, 이를 위해 교육 및 홍보 활동을 통해 사람들의 인식을 개선하고, 다양성을 긍정적으로 받아들이는 사회적 분위기를 조성해야 합니다.

V 다양한 연관 발표 토론 주제

1 다양성과 사회적 정의: 다양성이 사회적 정의에 미치는 영향과 의미에 대한 토론

모든 사람이 자신의 정체성을 인정받고 존중받을 수 있는 환경은 사회적 정의의 핵심입니다. 따라서 다양성은 사회적 차별을 줄이고, 평등하고 공정한 사회를 실현하는데 도움이 됩니다.

서로 다른 배경과 관점을 가진 사람들이 모여 문제를 해결하고 새로운 아이디어를 발전시킬 때, 사회 전체의 발전과 번영에 기여할 수 있기에, 다양성은 창의성과 혁신을 촉진하는데, 중요한 역할을 합니다.

사회적 정의는 모든 개인이 자신의 능력과 가능성을 최대한 발휘할 수 있는 환경을 조성하는 것입니다. 다양성은 각 개인의 독특한 역량과 잠재력을 인정하고 존중함으로써 사회적 정의를 실현하는데, 도움이 됩니다. 다양성은 편견과 선입관을 극복하는데 도움이 되어 사회적 정의를 높이는데 기여합니다.

2 다양성과 리더십: 리더십의 다양성이 조직의 성과에 미치는 영향에 대한 토론

다양한 배경과 경험을 가진 리더들이 모이면, 다양한 아이디어와 관점이 나올 가능성이 높기에 조직 내에서 혁신적인 생각과 창의적인 해결책을 발전시키는데 도움이 됩니다. 또한 서로 다른 관

점을 가진 리더들이 함께 일하면, 문제에 대한 다양한 접근 방식을 탐색하고 더 효과적으로 문제를 해결할 수 있습니다.

다양한 배경과 문화를 가진 리더들이 있으면, 조직은 고객과 시장의 다양성에 대한 이해력을 향상시킬 수 있는데, 이는 제품 및 서비스의 개발과 마케팅 전략의 성공에 도움이 됩니다.

리더십의 다양성은 조직 내에서 포용적이고 존중하는 분위기를 조성하는데 도움이 됩니다. 다양성이 인정되고 존중받는 조직에서는 직원들이 더욱 적극적으로 참여하고 협력하며, 이는 조직의 성과 향상으로 이어질 수 있습니다. 또한 리더십의 다양성은 조직 내부에서 문화적인 변화를 촉진하는데, 이는 조직의 미래에 대한 대비와 경쟁력 강화에 기여할 수 있습니다.

현대 사회의 가치와 유형
: 가치 변화와 사회 구조에 대한
이해와 고찰

I 주요 내용과 주장

현대 사회에서의 가치 변화는 기술 발전, 경제 성장, 사회적 다양성 증가 등 다양한 요인에 의해 영향을 받습니다.

가치 변화는 사회 구조에도 영향을 미칩니다. 예를 들어, 가족 구조, 직업 형태, 정치 체계들이 변화하면서 새로운 가치가 형성됩니다.

II 토론 발표의 주요 질문과 쟁점

1 가치가 무엇이며, 어떻게 변화하는가? 이러한 변화는 현대 사회에 어떤 영향을 미치는가?

가치란 개인이나 집단이 소중하게 여기고 추구하는 것으로, 도덕적, 윤리적, 정치적, 문화적인 측면을 포함합니다. 기술 발전, 사회적 변화, 문화적 다양성 증가 등의 요인에 의해 가치는 변화합니다. 예를 들어, 과거에는 가족과 국가가 중시되었지만, 현재는 개인의 자유와 다양성이 더 많은 중요성을 갖게 되었습니다.

가치의 다양성은 사회적 분열을 초래할 수 있지만, 동시에 포용적인 사회를 구축하는데 기여할 수 있습니다. 또한 가치 변화는 정치 및 경제 제도와 관계를 형성하며, 이는 정부 정책 및 경제 시스템에 영향을 미칠 수 있습니다. 가치 변화는 문화와 예술의 형태와 내용을 변화시키며, 이는 예술가들과 문화 산업에 영향을 줍니다.

2 가치는 상대적이며 다양한 것으로 인정되는가? 그렇다면, 다양성은 사회적 통합을 촉진하는가 아니면 사회적 분열을 초래하는가?

각 개인과 집단은 고유한 문화적, 사회적 배경과 경험을 통해 가치를 형성합니다. 따라서 가치는 개인 또는 집단에 따라 다양하고 상대적일 수 있습니다. 다양한 가치가 존중되고 인정되는 것은 문화적 풍요로움과 사회적 포용성을 반영합니다.

가치의 다양성은 다양한 관점과 경험을 수용하고 포용하는데 기여하여 사회적 통합을 촉진할 수 있습니다. 다양성이 인정되면 사람들은 서로 다른 관점을 이해하고 협력할 수 있습니다. 그러나 가치의 다양성은 때로 사회적 분열을 초래할 수도 있습니다. 상반된 가치에 대한 갈등이 발생할 수 있으며, 이는 사회적 불평등과 갈등을 조장할 수 있습니다.

III 반론 제기

1 가치는 개인과 문화에 따라 상대적이며 변화하는 경향이 있습니다. 이로 인해 사회의 안정성과 일관성이 저해될 수 있습니다.

사회는 시간이 흐름에 따라 변화하고, 이에 따라 가치도 변화합니다. 기술 발전, 사회적 진보, 문화적 변화 등이 가치에 영향을 미치며, 이러한 변화는 사회 구조를 불안정하게 만들 수 있습니다. 과거에는 중요했던 가치가 현대 사회에서는 상대적으로 중요하지 않을 수 있으며, 이러한 변화는 사회의 안정성을 해치는 요소가 될 수 있습니다.

상대적인 가치와 가치의 변화는 사회적인 일관성과 안정성을 저해할 수 있습니다. 서로 다른 가치체계 간의 충돌은 갈등과 분열을 유발하며, 사회적 조화를 방해할 수 있습니다. 사회적 안정성을 유지하기 위해서는 서로 다른 가치를 존중하고, 이를 조화롭게 통합할 수 있는 방법을 모색해야 합니다.

2 다양한 가치관은 갈등과 혼란을 초래할 수 있으며, 사회적 통합을 어렵게 만들 수 있습니다.

한 가치가 한 집단에게는 중요하더라도, 다른 집단에게는 부정적인 영향을 미칠 수 있듯이 다양한 가치관은 서로 충돌할 수 있습니다. 이로 인해 갈등과 대립이 발생할 수 있습니다. 가치 충돌은 사회 내에서 갈등을 야기하고, 이는 사회적인 불안과 혼란을 초래할 수 있습니다.

서로 다른 가치관을 가진 사람들 간의 대화와 이해는 어려울 수 있습니다. 이로 인해 사회적인 통합과 조화가 어려워질 수 있습니다. 특히, 다양성이 존중되지 않고 충돌만 일어나는 경우에는 사회가 분열되고, 각 그룹 간의 격차가 심화될 수 있습니다.

IV 대안 제시

1 가치 변화에 따라 사회 구성원들이 다양성을 인식하고 존중할 수 있는 교육이 강화되어야 합니다.

교육은 다양성을 이해하고 존중하는데, 중요한 역할을 합니다. 학교 및 교육 기관은 다양성에 대한 인식과 이해를 증진시키는데, 효과적인 플랫폼으로 기능해야 합니다. 다양성을 존중하는 교육 방법을 도입하여 학생들이 다양한 배경과 가치관을 가진 사람들을 이해하고 존중할 수 있도록 지원해야 합니다. 포용적인 교육은 사회의 다양성을 인식하고 강조함으로써 사회적인 조화와 통합을 촉진할 수 있습니다.

교육 과정에 다양성 교육 내용을 통합함으로써, 학생들이 사회의 다양성에 대해 보다 폭넓게 이해하고 존중할 수 있도록 해야 합니다. 이러한 교육은 학생들이 사회에 더 나은 시민으로서 기여할 수 있도록 돕습니다. 단기적이고 일회성의 교육 프로그램보다는 연속적이고 지속적인 교육 프로그램을 구성하여 다양성 인식과 존중에 대한 교육을 지속적으로 강화해야 합니다. 이를 통해 학생들은 시간이 지남에 따라 다양성에 대한 인식과 태도를 보다 깊게 내재화할 수 있습니다.

2 다양한 가치를 고려하여 공공 정책을 개발하고 시행함으로써 사회적 다양성을 존중하고 포용하는 사회를 구축해야 합니다.

공공 정책 개발에 있어 다양한 사회적, 문화적 가치를 고려하여 다양성을 반영해야 합니다. 이를 통해 모든 사회 구성원들의 다양한 필요와 관심을 고려할 수 있습니다. 시민 단체, 소수 민족, 취약 계층 등 다양한 이해관계자들이 정책 개발에 참여할 수 있는 기회가 확대되어야 다양한 의견과 관점이 반영될 수 있습니다.

공공 정책의 실행 단계에서도 다양성과 포용성을 고려해야 합니다. 이를 위해 취약 계층이나 소수 민족을 위한 특별한 지원책을 마련하고, 사회적인 배려와 공정성을 확보해야 합니다. 사회 구성원들의 다양성과 포용성에 대한 의식을 개선하기 위해 교육과 홍보 활동을 강화해야 합니다.

또한 다양성에 대한 이해를 높이고 포용적인 태도를 유도하는 프로그램을 개발하고 시행해야 합니다. 공공 정책에 대한 수정 및 보완을 지속적으로 실시하여야 사회적 다양성을 존중하고 포용하는 사회를 지속적으로 발전시킬 수 있습니다.

V 다양한 연관 발표 토론 주제

1 미래 사회의 가치 변화: 기술 발전과 사회적 변화가 미래 사회의 가치에 어떤 영향을 미칠 것인가?

기술의 발전은 생활 방식, 가치관, 사회 구조에 혁명적인 변화를 가져올 것으로 예상됩니다. 인공 지능, 자동화, 가상 현실과 같은 기술의 발전은 일자리 구조부터 가족 관계, 개인 신념까지 사회의 다양한 영역에 영향을 미칠 것입니다. 기술 발전은 다양한 가치관을 형성하게 됩니다. 예를 들어, 인터넷의 보급은 자유와 정보에 대한 접근성을 강조하며, 동시에 개인 정보 보호와 사생활의 중요성을 부각시킵니다.

미래 사회의 가치는 지속 가능성과 윤리적 고려를 중시할 것으로 예상됩니다. 환경 보호, 사회적 공정성, 인권 보호와 같은 가치는 더욱 중요시되며, 기술 발전의 긍정적인 측면과 함께 고려되어야 할 것입니다.

또한 기술의 발전은 소셜 미디어와 온라인 플랫폼은 다양한 사람들 간의 소통을 촉진하고, 사회적 거리를 줄이며, 다양성을 증진시킬 수 있습니다. 마지막으로 기술 발전은 문화적인 변화도 초래할 수 있는데, 전통적인 가치와의 충돌뿐만 아니라 새로운 윤리적 문제와 도전도 함께 떠오를 것입니다. 이러한 변화에 대한 적극적이고 협력적인 대응이 필요할 것입니다.

2 다문화 사회와 가치 충돌: 다양한 문화적 배경을 가진 사회에서의 가치 충돌은 어떻게 해결되어야 하는가?

다문화 사회에서의 가치 충돌을 해결하기 위해서는 다양한 문화적 배경을 가진 사람들 간의 상호 이해와 문화 교류를 강화해야, 이를 통해 서로의 가치와 관점을 이해하고 존중할 수 있습니다. 대화와 타협의 장을 마련하는 것도 중요한데, 다양한 의견이 충돌할 때 양측이 서로의 의견을 듣고 이해하며 공동의 해결책을 찾아야 합니다.

법과 제도는 다문화 사회에서의 가치 충돌을 조정하고 해결하는데, 중요한 역할을 합니다. 공정하고 포용적인 법과 제도를 만들어 다양한 문화적 배경을 가진 사람들의 권리를 보호하고 사회적 공정성을 확보해야 합니다.

또한 교육과 인식 개선이 필수적으로 요구되는데, 다양성에 대한 교육을 강화하고 문화 간 이해를 촉진하는 프로그램을 운영하여 사람들의 인식을 개선할 필요가 있습니다. 마지막으로 서로 다른 문화적 배경을 가진 사람들 간의 상호 작용과 협력을 통해 공동체 의식을 강화하고, 문제를 해결할 수 있는 방안을 모색할 수 있습니다.

08 성별 평등과 경제 발전
: 여성의 경제 참여와 권리 보장을 위한 정책에 대한 토론

I   주요 내용과 주장

여성의 경제 참여는 경제 발전을 촉진하는 핵심적인 요소입니다. 여성이 교육을 받고 직장에 참여하면 노동력의 증가와 생산성 향상을 이끌어 낼 수 있습니다.

여성에 대한 근로 시장 내 차별은 경제적 발전의 장애 요인이며, 이를 극복하기 위해 여성의 권리를 보장하고 고용 기회를 확대해야 합니다.

II   토론 발표의 주요 질문과 쟁점

■ 여성의 경제 참여가 경제 발전과 어떤 관련이 있는가?

여성의 경제 참여는 경제 발전에 긍정적인 영향을 미칩니다. 여성이 교육을 받고 직장에 참여하면 노동력의 증가와 생산성 향상을 이끌어 낼 수 있습니다. 또한 여성의 소득 증가는 가계 소득을 높이고 소비를 촉진하여 소비 시장을 활성화시키는 역할을 합니다. 이는 기업의 수요를 증가시키고 경제적 성장을 촉진할 수 있습니다.

여성의 경제 참여가 증가하면 인력의 다양성과 창의성이 증가하고, 이는 혁신과 경쟁력 향상에 기여할 수 있습니다. 여성이 다양한 시각과 경험을 가져와서 문제 해결과 의사 결정에 참여함으로써 기업의 성과를 향상시킬 수 있습니다. 또한 여성이 경제 활동에 참여하면 근로 시장이 더욱 포용적이 되고, 인적 자원을 최대한 활용할 수 있는 잠재력을 높일 수 있습니다.

따라서 여성의 경제 참여는 경제적 발전과 사회적 발전을 동시에 이룰 수 있는 효과적인 전략입니다. 이를 통해 국가 전체의 경제 성장과 개인의 경제적 자립을 동시에 증진시킬 수 있습니다.

② 여성의 근로 시장 내 차별은 어떤 형태로 나타나고 있는가?

여성이 동일한 역할을 하고 있는 경우에도 남성에 비해 더 적은 임금을 받는 경우가 있는데, 이는 성별에 따라 임금 격차가 존재한다는 것을 보여줍니다. 또한 여성이 더 높은 직책으로 승진하기 위해 경쟁하는 것이 더 어려울 수 있는데, 이는 여성이 남성과 동등한 승진 기회를 제공받지 못하는 경우에 나타날 수 있습니다.

더불어 여성이 근로 환경에서 성별에 따른 차별이나 성희롱을 경험하는 경우가 있는데, 이는 여성의 직장 만족도를 낮출 뿐만 아니라 경력 전망을 제약할 수 있습니다.

❸ 정책적 개입이 여성의 경제 참여를 증진시키는데, 어떤 영향을 미치는가?

정부는 여성에 대한 교육 및 기술 향상을 위한 정책을 채택하여 여성이 직업적으로 성공할 수 있도록 지원할 수 있습니다. 여성이 교육을 받고 기술을 습득함으로써 노동 시장에서 더 많은 기회를 얻을 수 있습니다. 보육 시설에 대한 접근성을 높이고 비용을 절감하는 정책은 여성이 경력과 가정생활을 균형 있게 유지할 수 있는 환경을 조성합니다. 이는 여성이 경제적으로 활동하고 직업을 유지하는데 도움이 됩니다.

또한 정부는 여성을 대상으로 하는 차별을 금지하고 근로 환경을 개선하는 정책을 시행하여 여성이 안전하고 공정한 근로 조건에서 일할 수 있도록 지원할 수 있습니다. 임금 격차를 해소하기 위한 정책은 여성이 남성과 동일한 업무에 대해 동일한 보상을 받을 수 있도록 보장합니다. 이는 여성의 경제적 자립을 촉진하고 가계 수입을 높일 수 있습니다.

III 반론 제기

❶ 일부는 여성의 직장 참여가 가사노동 부담을 증가시키고 가정의 안정성을 약화시킬 수 있다고 주장한다.

여성이 직장과 가정 모두에서 역할을 수행하려고 하면서 이중 과부하를 겪을 수 있습니다. 직장에서의 업무와 가정에서의 책임을 동시에 맡아야 하므로 스트레스가 증가하고 시간과 에너지가 부족해질 수 있습니다.

또한 여성의 직장 참여가 증가함에 따라 가정 내 분쟁이 발생할 수 있습니다. 가정에서의 역할 분담에 대한 불일치로 인해 가정 내 갈등이 생길 가능성이 높아지고, 이는 가정의 안정성을 약화시킬 수 있습니다.

더불어 여성의 직장 참여가 증가하면 육아와 관련된 부담도 증가할 수 있습니다. 이는 육아와 직장을 균형 있게 유지하기 어려워지며, 자녀의 양육과 관련된 스트레스가 증가할 수 있습니다.

2 또한 일부는 여성에 대한 급여 격차가 여전히 존재하며, 이는 여성의 경제적 자립을 어렵게 만든다고 반박한다.

여성이 더 많이 참여하는 직업군에서는 남성보다 급여가 낮은 경향이 있습니다. 이러한 직업의 성별적 분담은 여성에 대한 급여 격차를 유발합니다. 또한 여성은 종종 출산, 육아 등의 이유로 경력 단절을 경험하고 승진 기회가 제한될 수 있습니다. 이로 인해 여성은 급여와 직업적 지위에서 부당한 차별을 받을 수 있습니다.

더불어 여성에 대한 급여 격차는 시스템적인 차별로 인해 발생하기도 합니다. 어성에 대한 차별적인 임금 정책, 승진 기회의 부족, 그리고 성차별적 태도 등이 이러한 시스템적 차별을 이끌어 내는 요인입니다.

IV 대안 제시

1 정부 및 기업은 여성을 위한 육아 휴직, 유연한 근무 시간, 부모 휴가 등을 제공하여 여성이 직장과 가정을 균형 있게 이끌 수 있도록 지원해야 한다.

여성들이 출산 및 육아를 위해 직장을 잠시 떠나더라도 경력 단절 없이 복귀할 수 있도록 육아 휴직을 제공하는 것이 중요합니다. 이는 여성들이 가정과 직장을 균형 있게 이끌 수 있는 기회를 제공합니다.

또한 여성들에게 유연한 근무 시간을 제공하여 가족과의 시간을 조절할 수 있도록 하는 것이 필요합니다. 이를 통해 여성들은 가정 업무와 직장 업무를 효율적으로 조화시킬 수 있습니다. 여성들이 직장에 출근한 후에도 자녀의 교육 및 돌봄에 대한 부담을 덜어줄 수 있는 교육 서비스를 제공하는 것이 중요합니다.

더불어 부모 휴가를 남성과 여성이 공평하게 나누어 가질 수 있는 제도를 도입하는 것이 필요합니다. 이는 아버지의 육아 참여를 촉진하고 여성들이 직장 복귀를 보다 쉽게 할 수 있도록 돕습니다.

2 여성에 대한 근로 시장 내 차별을 극복하기 위해 정부는 고용

기회의 평등을 보장하고 여성에 대한 교육 및 자격 제도를 개선해야 한다.

기업들과 고용 시장에서 여성에 대한 평등한 기회를 제공하는 것이 중요합니다. 이를 위해 채용 과정에서의 성별 편견을 없애고, 능력과 역량을 중시하는 평가 기준을 마련해야 합니다.

성별에 따른 차별과 성희롱을 예방하고 근로자 보호를 위한 정책을 강화하여 여성들이 안전하게 근무할 수 있는 환경을 조성할 수 있습니다.

또한 여성들에게 진로 선택과 전문 교육에 대한 전문성을 높이기 위해 교육 및 자격 제도를 개선해야 합니다. 더 많은 여성이 STEM 분야와 경제적으로 안정된 직업으로 진출할 수 있도록 지원해야 합니다. 여성들이 일할 수 있는 조건과 환경을 개선하여 여성도 산업 혁명과 같은 초고용량 산업 분야에서 참여할 수 있도록 지원해야 합니다.

V 다양한 연관 발표 토론 주제

1 가부장적 사회에서의 여성의 경제 참여와 사회적 영향

가부장적 사회에서 여성이 경제적으로 활발하게 참여할 경우, 그들의 경제적 자립성이 높아집니다. 이는 가정 내 결정권과 자율성을 증가시키고, 여성의 사회적 지위를 높일 수 있습니다. 여성의 경제적 참여는 가정 내 경제적 안정성을 증진시키는데 도움이 됩니다. 가부장적 가정에서 여성이 더 많은 수입을 가져오면 가정의 경제적 부담이 분산되고, 가정 내 갈등과 금전적 어려움이 줄어들 수 있습니다.

또한 여성의 경제 참여가 증가하면 국가 전체적인 경제적 발전에 긍정적인 영향을 미칠 수 있습니다. 여성들의 능력과 잠재력을 활용하면 노동력 시장이 확대되고, 이는 국가의 경제적 성장과 발전을 촉진할 수 있습니다. 더불어 여성의 경제 참여는 사회적, 문화적 변화를 이끌 수 있습니다. 여성이 더 많은 경제적 책임을 지면서 가부장적 가치관이 변화하고, 여성의 사회적 지위와 권리가 강화될 수 있습니다.

2 여성의 권리 보장을 위한 법적 및 정책적 조치에 대한 토론

정부는 성별에 따른 차별을 금지하고 여성의 권리를 보장하기 위한 법률을 제정해야 합니다. 이러한 법률은 여성에 대한 평등한 기회와 보호를 제공하여 여성이 경제적으로 자립할 수 있는 환경을 조성합니다. 급여 격차를 해소하기 위해 정부는 기업에게 공정한 임금 지급을 유도하고 여성의 경제적 자립을 촉진하기 위한 조치를 취해야 합니다.

정부는 여성에게 유연한 근무 조건, 육아 휴직, 부모 휴가 등을 포함한 특별 대우와 지원 제도를 마련해야 합니다. 이를 통해 여성이 직장과 가정을 균형 있게 이끌 수 있도록 돕습니다. 교육과 직업 훈련 프로그램을 통해 여성의 직업 기술과 경력 발전을 지원하여 여성이 경제 참여의 기회를 더 많이 가질 수 있습니다.

더불어 성별 차별과 여성 권리 침해에 대한 감독 체제를 강화하고, 이를 위반한 경우 엄격한 법률 시행을 통해 신속하고 효과적인 대응이 이뤄져야 합니다.

09 부의 분배와 사회적 평등의 경제학적 관점

I 주요 내용과 주장

부의 분배는 사회적 평등과 관련이 있으며, 이를 경제학적으로 접근할 때는 자본주의와 사회주의의 관점을 비교해 볼 필요가 있습니다.

자본주의 시스템에서는 자본주의 경제의 본질상 부의 불균형이 존재하며, 이는 시장 경제의 특성과 불완전한 정보에 기인합니다. 이에 따라 부의 분배가 불균형하게 되는 것은 자연스러운 현상이라고 주장할 수 있습니다.

반면에 사회주의 시스템에서는 부의 공유와 균등한 분배를 추구합니다. 이는 근본적으로 개인의 노력과 공헌에 따른 보상이 아닌, 사회적 필요에 따라 부의 분배가 이루어지는 것을 의미합니다.

II 토론 발표의 주요 질문과 쟁점

1 부의 분배에서 어떤 요소들이 주요한 역할을 하는가?

개인의 노력과 능력이 부의 분배에서 중요한 역할을 하는데, 자본주의 시스템에서 개인의 성과와 생산성을 인정하는 방식이므로 개인의 노력과 능력이 부의 분배에서 공정성과 효율성을 결정하는 핵심적인 요소가 됩니다.

시장 경쟁은 개인의 생산성과 효율성을 촉진하고, 이를 통해 보상을 제공함으로써 부의 분배에 기여합니다. 자본의 소유와 투자도 중요한 역할을 하는 요소로, 자본 소유자들은 투자에 따른 수익을 얻을 수 있으며, 이는 부의 증가와 부의 이전을 이끌어 내는 요소가 됩니다.

부의 분배에서 개인의 사회적 가치와 기여도가 고려되어야 합니다. 사회적으로 유용한 업적과 기여는 부의 분배에서 공정성을 보장하는 중요한 요소이기에, 이에 따라 개인의 역할과 기여가 부의 분배에 반영되어야 합니다. 정부의 세금 정책, 복지 프로그램, 근로법 등은 부의 분배에 영향을 미치는데, 이러한 정부의 개입은 사회적 평등을 유지하고 부의 분배에서의 불균형을 완화하는데 도움이 됩니다.

이러한 요소들은 부의 분배와 사회적 평등의 경제학적 관점에서 중요한 쟁점으로 다뤄질 수 있습니다.

2 사회주의 시스템에서의 부의 분배는 어떤 문제점을 안고 있는 가?

사회주의 시스템에서는 부의 분배가 개인의 노력이나 능력과 상관없이 이루어질 수 있습니다. 개인들은 자신의 노력에 비례한 보상을 받지 않는다는 인식을 가져 개인의 동기 부족이 발생하여 생산성 감소와 경제 성장 저하로 이어질 수 있습니다.

또한 개인의 성과나 생산성을 고려하지 않고 부의 균등 분배를 추구하기 때문에 자원의 효율적인 배분에 어려움이 생겨 생산적이고 효율적인 자원 배분이 어려워 질 수 있습니다. 사회주의 시스템에서 부의 분배를 위한 중앙 집권화가 필요하지만, 이는 종종 개인의 자유를 제한하고 정부나 중앙 집권 기관의 권력이 너무 커질 수 있습니다. 이로 인해 개인의 창의성과 자유가 억압될 수 있으며, 이는 사회의 발전과 혁신에 제약을 가할 수 있습니다.

III   반론 제기

1 사회주의 시스템에서의 부의 균등 분배는 개인의 동기 부여를 약화시킬 수 있다. 개인의 노력과 공헌이 보상되지 않으면 생산성이 감소할 우려가 있다.

개인들의 노력과 공헌에 대해 보상이 노력과 성과에 비례하지 않는다면 개인들은 노력하는 것에 동기 부여를 받기 어려워지며, 이는 생산성의 감소로 이어질 수 있습니다.

경제적 보상이 노력과 성과에 비례하지 않는다면 경제적 자극이 부족해지고, 이는 개인들이 노력을 기울이지 않게 되는 원인이 될 수 있습니다. 부의 균등 분배는 개인의 창의성과 혁신을 억제할 수 있습니다. 개인의 노력과 공헌이 보장되지 않으면 개인들은 새로운 아이디어를 시도하거나 창의적으로 일하는 것에 소극적이 될 수 있어, 경제적 성장과 혁신을 제한하고, 경제적인 발전을 방해할 수 있습니다.

이러한 이유로 사회주의 시스템에서 부의 균등 분배가 개인의 동기를 약화시켜 생산성이 감소할 우려가 있다는 주장은 타당하다고 할 수 있습니다.

② 자본주의 시스템에서의 부의 불균형은 사회적 불평등을 심화시키고, 경제적인 차별을 야기할 수 있다. 이는 사회 안정성과 사회적 평등을 위협할 수 있다.

자본주의 시스템에서는 부의 불균형이 존재하며, 이는 사회적인 계층 간의 격차를 더욱 심화시키고 사회적 불평등을 증가시킬 수 있습니다. 부의 불균형이 경제적인 차별을 야기할 수 있는데, 부유한 계층은 교육, 건강, 주거, 문화 등의 분야에서 더 많은 혜택을 받으며, 이는 빈곤층의 경제적 지위를 고정시키고 경제적인 기회의 부족을 야기할 수 있습니다.

사회적인 불평등과 경제적인 차별은 사회적인 불안과 혼란을 초래할 수 있습니다. 사회적 평등을 저해할 수도 있는데, 부자들은 자녀에게 더 나은 교육 기회를 제공하고 더 나은 사회적 지위를 유지할 수 있는 등의 혜택을 누리는 반면, 빈곤층의 자녀들은 이러한 기회에 접근하기 어려울 수 있습니다. 이는 사회적인 경로를 형성하는데 제약을 가하고, 사회적인 평등을 방해할 수 있습니다.

IV 대안 제시

현대 사회에서는 자본주의와 사회주의의 요소를 조합한 형태의 혼합 경제가 많이 시행되고 있습니다. 이를 통해 부의 분배에서의 균형과 사회적 평등을 추구할 수 있다. 예를 들어, 세금 재분배와 복지 정책 등을 통해 부의 분배의 불균형을 완화하고, 사회적 약자를 보호할 수 있습니다.

혼합 경제는 경제의 효율성을 유지하면서도 정부의 개입을 통해 사회적인 평등과 안정성을 추구하는데, 이는 자본주의적 경제적 자유와 사회주의의 사회적 공정성을 조화시키는 시도입니다.

혼합 경제에서 세금 재분배와 복지 정책을 통해 부의 분배에서의 불균형을 완화하고 사회적 평등을 증진함으로써, 사회적 약자를 보호하고 경제적인 격차를 축소할 수 있습니다. 또한 규제와 보호 정책을 통해 사회적인 공정성을 확보할 수 있는데, 이는 과도한 부의 집중화나 경제적인 차별을 방지하고, 사회적 평등을 실현하는데 도움이 됩니다.

혼합 경제는 사회적 기업의 활성화와 기업의 사회적 책임을 강조하여 공정성을 강화하는데, 이는 기업이 이윤 추구뿐만 아니라 사회적 가치 창출과 사회적 책임을 수행하도록 유도함으로써 사회적 평등을 증진시킬 수 있습니다. 또한 경제적인 발전과 사회적인 평등을 추구하는 방향으로 발전하여, 부의 분배에서의 공정성과 사회적 안정성을 확보하는데 기여합니다.

V 다양한 연관 발표 토론 주제

1 세금 재분배의 효과와 한계

세금 재분배는 부자와 가난한 계층 간의 사회적인 불평등을 완화하여 사회적 평등을 증진시키는 효과를 가져올 수 있습니다. 또한 경제적인 불안정성을 완화하고 사회 안정성을 유지하는데 기여할 수 있습니다. 예를 들어 가난한 계층에게 추가적인 지원을 제공함으로써 소비를 촉진하고 소득을 안정화시킴으로써 경제의 균형을 유지하는데 도움이 될 수 있습니다.

하지만 부자들에게 높은 세금을 부과함으로 투자와 경제 활동을 억제할 수 있으며, 이는 경제 성장과 발전에 제약을 가할 수 있습니다. 또한 너무 많은 세금 부과와 재분배는 개인의 노력과 성과를 보상하지 않고, 개인들에게 경제적인 책임을 떠넘길 수 있습니다.

그렇기에 세금 재분배는 특정한 경제적 상황이나 사회적 문제에 대해서는 효과적이지 않을 수 있기에, 정책 수립자들이 부의 분배와 사회적 평등을 신중하게 고려해야 합니다.

2 사회적 정의와 공정한 부의 분배

사회적 정의는 경제적, 사회적, 정치적으로 모든 사람에게 기회와 혜택을 공평하게 제공하는 것을 의미합니다. 부의 분배가 공정하고 공평하지 않다면 사회적인 불평등과 불만이 증가할 수 있으며, 이는 사회의 안정성과 평화를 위협할 수 있습니다.

정부와 사회는 공정한 부의 분배를 위해 세금 재분재, 사회 보장 제도, 최저 임금법, 노동 규제 등 다양한 정책을 시행할 수 있습니다. 이러한 정책들은 사회적인 불평등을 완화하고 사회적 정의를 실현하는데 기여할 수 있습니다.

경제적인 발전은 부의 분배가 공정하고 정의롭게 이루어질 때에만 가능합니다. 공정한 부의 분배는 모든 사람에게 기회를 제공하고, 그들의 인간적 가치를 존중하는 것을 통해 사회적 평등을 실현할 수 있습니다.

3 기업의 사회적 책임과 부의 재분배

기업은 단순히 이윤 추구만이 아니라 사회적 책임을 이행함으로써 사회적 평등과 부의 재분배를 실현하는데 기여할 수 있습니다. 기업의 사회적 책임은 부의 재분배를 통해 사회적인 불평등을 완화하고 사회적 평등을 증진시키는 것을 목표로 합니다.

기업은 다양한 방식으로 사회적 책임을 실현하고 부의 재분배를 지원할 수 있습니다. 공정한 임금 지급, 사회적 프로그램 및 기부 활동, 환경 보호 및 지속 가능한 경영과 같은 활동은 부의 재분배를 통해 사회적 평등을 증진시키는데 기여할 수 있습니다.

기업이 사회적인 평등을 증진시키는 것은 사회 안정성을 증가하고 소비자의 신뢰를 얻을 수 있기에, 장기적으로 경제적인 이익으로 이어질 수 있습니다.

10 소비주의와 소비 윤리

I 주요 내용과 주장

소비주의는 소비를 중심으로 한 사고방식을 의미합니다. 소비가 경제적 발전과 개인적 만족을 중시하는 사회적 가치로 인식되는 현상입니다. 소비주의는 소비를 촉진하고 소비문화를 확대시키는 경향이 있으며, 이는 자원 소모와 환경 파괴, 소득 불평등 등의 문제를 야기할 수 있습니다.

소비 윤리는 소비 행위가 사회적, 환경적, 윤리적 측면에서 올바른 선택을 하는 것을 의미합니다. 소비자가 자신의 소비 행위가 사회와 환경에 미치는 영향을 고려하고 윤리적인 소비를 택하는 것이 중요합니다. 소비 윤리는 자원 보전, 환경 보호, 공정한 노동 조건 등을 고려하여 소비를 결정함으로써 사회적 책임을 다하는 것을 강조합니다.

Ⅱ 토론 발표의 주요 질문과 쟁점

1 소비주의는 소비를 경제 발전과 개인적 만족의 주요 수단으로 강조합니다. 소비를 통해 경제 성장을 촉진하고 소비문화를 확대시키는데 주력합니다. 이는 광고, 마케팅, 소비문화의 확산 등을 통해 이루어집니다. 소비자들은 소비를 통해 자신의 욕구를 충족시키고 개인적인 만족을 얻는 것을 중시합니다.

반면에 소비 윤리는 소비를 사회적 책임의 한 부분으로 인식하고, 지속 가능한 소비를 장려합니다. 이는 환경 보호, 노동 조건 개선, 사회적 공정성 등을 고려하여 소비를 결정하는 것을 중요시합니다. 소비자들은 자신의 소비 행위가 사회와 환경에 미치는 영향을 고려하고, 그에 따라 윤리적이고 지속 가능한 소비를 선택하려고 노력합니다.

이러한 두 가지 사고방식은 소비의 본질과 목적에 대한 다른 인식에서 비롯됩니다. 이러한 이해 차이는 소비 행위에 대한 태도와 행동을 결정하는데, 중요한 영향을 미칩니다.

2 소비 윤리가 실제 소비자들에게 얼마나 실천 가능한지에 대한 질문과 논의가 필요합니다. 소비자들이 자신의 소비 행위가 사회와 환경에 미치는 영향을 고려하는 것이 가능한지, 그리고 이를 실천하기 위해 필요한 조건은 무엇인지를 탐구할 수 있습니다.

소비 윤리를 실천하기 위해서는 소비자들에게 적절한 교육과 정보가 필요합니다. 이를 위해 환경 보호, 노동 조건, 공정 거래 등에 관한 교육과 정보가 제공되어야 합니다.

또한 소비자들은 지속 가능한 제품과 서비스를 선택할 수 있는 다양한 옵션이 제공되어야 합니다. 이를 위해 기업들은 지속 가능성을 고려한 제품을 개발하고 생산해야 하며, 정부와 규제 기관은 지속 가능한 소비를 장려하기 위한 정책을 적극적으로 시행해야 합니다.

더불어, 소비자들은 자신이 소비하는 제품이나 브랜드가 그들의 가치와 신념과 부합하는지를 신중히 고려해야 합니다. 이러한 개인적인 고려와 선택이 지속 가능한 소비 문화를 형성하는데 중요한 역할을 합니다.

III 반론 제기

1 일부는 소비주의를 옹호하여 소비를 경제 발전과 개인적 만족의 주요 수단으로 인식합니다. 이에 대한 반론으로는 소비주의가 지속 가능한 사회 및 환경 발전에 부정적인 영향을 미칠 수 있다는 점을 제기할 수 있습니다.

소비주의는 소비를 촉진함으로써 자원 소비를 증가시키고 환경 파괴를 초래할 수 있습니다. 지속적인 경제 성장과 소비 확대는 자연 자원의 과도한 소모를 유발하고, 이는 생태계의 파괴와 기후 변화를 야기할 수 있습니다. 또한 소비주의는 사용과 폐기를 장려함으로써 대규모 폐기물을 생성하고 환경 오염을 증가시킵니다. 소비를 통해 발생하는 폐기물의 재활용 문제는 지속 가능한 자원 이용에 대한 심각한 고려 사항으로 부각됩니다.

소비주의가 소비를 통한 사회적 지위 표시와 소비 패턴에 따른 사회적 불평등을 촉진할 수 있다는 점도 간과할 수 없습니다. 과잉 소비문화는 소득이 적은 계층과 개발 도상국의 경제적 부담을 증가시키며, 사회적 불평등을 심화시킬 수 있습니다.

그렇기에 소비주의에 대한 반성과 지속 가능한 소비 습관을 실천하기 위해서는 교육이 필요합니다. 소비자들에게 환경친화적이고 윤리적인 소비에 대한 인식을 높이는 교육과 홍보가 필수적으로 수반되어야 합니다.

2 소비 윤리가 실제로 소비자들에게 실천 가능한지, 그리고 소비 윤리를 택함으로써 어떤 한계와 어려움 존재하는지에 대한 의문을 제기할 수 있습니다.

소비 윤리를 실천하기 위해서는 소비자들이 깊은 이해와 인식을 가져야 합니다. 그러나 소비자들은 종종 소비 윤리에 대한 지식 부족이나 소비 패턴의 관습으로 인해 실천하기 어려움을 겪을 수 있습니다. 소비자의 선택이 제품의 생산과 소비 과정에 미치는 영향은 제한적일 수 있습니다. 종종 소비자들은 제품의 윤리성보다 가격이나 품질에 우선순위를 둘 수 있기 때문입니다.

소비자들은 종종 제품의 윤리성에 대한 충분한 정보를 얻지 못합니다. 제조업체나 브랜드의 사회적 책임과 환경 정책에 대한 투명성 부족으로 소비자들은 올바른 판단을 내리기 어려울 수 있습니다.

경제적 한계와 비용의 관점에서도 고려할 점이 있는데, 윤리적 소비는 종종 추가적인 비용을 동반할 수 있습니다. 일부 소비자들은 가격이 낮은 제품을 구매하는 것이 우선하는 경우가 많기 때문에 윤리적인 선택을 하기에는 경제적 제약이 있을 수 있습니다.

IV 대안 제시

1 소비자들에게 소비 윤리의 중요성을 알리고, 지속 가능한 소비에 대한 인식을 높이기 위한 교육과 홍보 활동을 강화할 필요가 있습니다.

소비자들이 소비 윤리에 대한 더 많은 이해와 의식을 가질수록 소비자들이 환경친화적이고 윤리적인 제품을 선택하도록 독려하는 교육과 홍보 활동은 지속 가능한 소비를 촉진할 수 있습니다. 소비자들이 브랜드와 기업의 사회적 책임에 대해 더 많은 인식을 갖게 되면 사회적으로 책임 있는 기업을 선호할 가능성이 높아집니다.

또한 소비자들에게 제품의 윤리성과 환경적 영향에 대한 정보를 제공하고 투명성을 강조하면 이를 통해 소비자들은 보다 합리적인 결정을 내릴 수 있고, 이는 지속 가능한 소비에 기여할 수 있습니다. 소비자들을 사회적 운동이나 지역 커뮤니티 활동에 참여하도록 독려하는 것도 소비 패턴과 소비문화를 변화시키는데 도움이 될 수 있습니다.

2 기업들이 사회적 책임을 다하고 지속 가능한 제품을 생산하도록 유도하는 정책과 제도를 강화함으로써 소비 윤리를 실현할 수 있습니다.

기업의 사회적 책임은 환경 보호, 노동자 권리 보호, 공정한 경쟁 환경 조성 등에 더 많은 관심을 기울이게 하여 강화할 수 있습니다. 기업들이 지속 가능한 제품을 생산하도록 유도함으로써 환경에 미치는 부정적인 영향을 최소화하고 소비자들에게 더 나은 제품을 제공할 수 있게 할 수 있습니다.

기업들이 사회적 책임을 다하고 지속 가능한 제품을 생산한다는 이미지는 소비자들에게 신뢰를 주고 브랜드 로열티를 증진시킬 수 있고, 기업들에게 긍정적인 경제적 이익을 제공할 수 있습니다. 이렇게 사회적 책임을 다하고 지속 가능한 제품을 생산하는 기업들은 글로벌 시장에서 경쟁력을 확보할 수 있고 금융적으로 효율적이며, 미래 성장에 대한 높은 잠재력을 보여줄 수 있습니다.

V　다양한 연관 발표 토론 주제

1 소비문화와 환경 파괴: 소비주의에 의한 소비문화가 환경 파괴

에 미치는 영향에 대한 토론이 진행될 수 있습니다.

소비문화는 소비를 촉진하고 소비 심리를 확산시킴으로써 자원 소모와 환경 파괴를 증가시킵니다. 대량 생산과 소비는 자원의 과도한 소모를 초래하고, 쓰레기와 오염 물질을 발생시킵니다. 이러한 소비문화의 영향으로 자연 환경은 파괴되고, 생태계는 불균형해집니다. 예를 들어, 대량 생산을 위한 자원 채취는 산림을 파괴하고 생물 다양성을 감소시키며, 폐기물 처리는 해양과 땅에 오염 물질을 배출하여 생태계를 오염시킵니다. 이로 인해 지구 온난화, 기후 변화 등의 심각한 환경 문제가 발생하고 있습니다.

따라서 소비문화와 환경 파괴 사이의 연관성을 인식하고, 지속 가능한 소비로의 전환과 환경 보호에 대한 책임을 인지하는 것이 중요합니다. 지속 가능한 제품을 선택하고 소비문화를 변화시킴으로써 환경 파괴를 줄이고 지구의 생태계를 보호할 수 있습니다. 기업과 소비자 모두가 환경 보호에 책임을 다하는 것이 필요하며, 이를 위해 교육과 홍보 활동을 통해 인식을 높이고, 정부 정책을 통해 지속 가능한 소비를 장려하는 것이 중요합니다.

제 2 장

기술과 경제

11 인공 지능의 윤리적인 사용

I 주요 내용과 주장

인공 지능 기술의 발전은 혁신적인 기회를 제공하지만, 그에 따른 윤리적인 고려 사항이 필요합니다. 이러한 기술이 인간의 삶에 영향을 미치는 동안 윤리적인 원칙과 가치를 준수하는 것이 중요합니다. 또한 인공 지능의 윤리적인 사용은 사회적 투명성과 공정성을 유지하고, 인간 중심의 관점에서 기술을 발전시키는 것이 필요합니다.

II 토론 발표의 주요 질문과 쟁점

❶ 인공 지능 알고리즘의 투명성과 공정성 유지

투명성과 공정성을 유지함으로써 인공 지능 시스템에 대한 믿음과 신뢰를 형성할 수 있습니다. 투명성이 보장되고 공정성이 유지되는 시스템은 사용자들에게 예측 가능성과 안정성을 제공하며, 이는 기술을 적극적으로 받아들이고 활용하는데 중요한 역할을 합니다.

또한 인공 지능 시스템이 사회적 의사 결정에 영향을 미치는 경우, 공정하고 투명한 알고리즘이 필수적으로 이를 통해 사회적 소외 계층의 이익을 보호하고 공정한 기회를 제공할 수 있습니다.

2 인공 지능이 인간의 의사 결정에 어떤 영향을 미치는가?

인공 지능은 데이터를 기반으로 한 의사 결정을 지원하고, 때로는 인간의 결정을 대체하기도 합니다. 이는 의료 진단, 금융 거래, 법률 자문 등 다양한 분야에서 나타납니다.

이러한 인공 지능의 사용은 의사 결정의 효율성과 정확성을 높일 수 있지만, 의사 결정의 책임과 권한을 어떻게 공유할지에 대한 쟁점을 불러일으킵니다.

인공 지능은 데이터에 의존하여 학습하므로 데이터의 편향이 의사 결정 결과에 영향을 미칠 수 있습니다. 이는 인종, 성별, 사회 경제적 지위 등에 따라 편향된 결과를 초래할 수 있는데 공정성 문제를 야기하고, 사회적 불평등을 심화시킬 수 있습니다.

3 개인 정보 보호와 데이터 사용의 윤리적인 쟁점

개인 정보는 개인의 신원과 프라이버시를 보호하는데 중요한 역할을 합니다. 인공 지능은 대규모의 데이터를 처리하고 분석하는데 사용되므로, 이러한 데이터에는 민감한 개인 정보가 포함될 수 있습니다. 이에 따라 개인 정보 보호는 인공 지능의 윤리적 사용에 있어서 핵심적인 요소로 간주됩니다.

개인 정보를 수집하고 사용할 때는 그 목적을 명확히 하고, 이에 따라 개인 정보의 수집 및 사용 범위를 제한하는 것이 중요합니다. 이를 통해 개인의 프라이버시를 존중하고, 불필요한 개인 정보의 노출을 방지할 수 있습니다.

III 반론 제기

1 인공 지능의 윤리적인 사용은 기술의 발전을 제한하고 혁신을 저해할 수 있다.

윤리적인 제약이나 규제로 인해 데이터 수집과 사용이 제한될 경우, 인공 지능 시스템의 학습 및 발전에 필요한 데이터의 양과 질이 제한될 수 있습니다. 이로 인해 인공 지능 모델의 성능 향상이 제약되고, 혁신적인 응용이 어려워질 수 있습니다.

윤리적인 제약으로 인해 인공 지능 알고리즘의 개발 및 적용이 복잡해질 수 있습니다. 예를 들어, 공정성과 투명성을 보장하기 위해 추가적인 검증 및 검토 과정이 필요할 수 있는데, 이는 개발 및 배포 과정을 늦추고, 혁신을 저해할 수 있다는 주장입니다.

2 윤리적 가이드라인은 추상적이며, 구체적인 적용이 어렵다.

인공 지능 기술은 빠르게 발전하고 새로운 적용 영역을 개척함에 따라 기존의 윤리적 가이드라인이 새로운 기술 및 응용 분야에 적용되기 어려운 경우가 나타납니다.

윤리적인 가이드라인은 문맥에 따라 유동적으로 해석될 수 있는데, 한 가지 윤리적인 원칙이 어떤 상황에서는 적용 가능하나 다른 상황에서는 적용하기 어려울 수 있습니다. 이는 기술의 성격, 사용자의 요구 사항, 지역적인 문화적 차이들을 고려해야 하기 때문입니다.

IV 대안 제시

■ 윤리적 AI 개발과 사용을 위한 업계 표준과 가이드라인 수립

업계는 인공 지능 개발과 사용에 대한 윤리적 원칙을 수립할 필요가 있는데, 이러한 원칙은 공정성, 투명성, 책임성, 안전성 등과 같은 핵심 가치를 반영하여 인공 지능 시스템의 개발과 운용에 대한 틀을 제공합니다.

윤리적 AI 개발을 위해서는 개발 프로세스에 투명성을 확보하고, 다양한 이해관계자들의 의견을 수렴하여 공정성과 신뢰를 확보해야 합니다. 기업, 정부, 학계, 시민 단체 등의 각 이해관계자들이 함께 윤리적 원칙과 가이드라인을 협의해야 합니다.

■ 인공 지능의 윤리적인 사용을 위한 교육과 인식 확대

윤리적 AI 사용에 대한 교육 프로그램을 개발하여 학교, 기업, 정부 기관 등에서 제공해야 합니다. 이를 통해 인공 지능의 윤리적 사용과 관련된 개념과 원칙을 이해하고 적용할 수 있은 능력을 키울 수 있습니다.

AI 개발자와 전문가들에게 윤리적 책임과 원칙에 대한 교육을 제공하여, 이들이 개발하는 시스템이 사회적으로 적절하고 윤리적으로 책임 있게 사용될 수 있도록 도울 필요가 있습니다.

V 다양한 연관 발표 토론 주제

1 인공 지능의 편견과 공정성

인공 지능 알고리즘이 훈련 데이터나 개발자의 편견을 반영하여 인종, 성별, 사회 경제적 지위에 따른 편향이 발생할 수 있습니다. 편향된 결과는 공정하지 않은 의사 결정을 초래할 수 있는데, 공공 서비스나 사회적 중요한 결정에 사용될 경우 이러한 편향성은 사회적 불평등을 심화시킬 수 있습니다.

2 자율 주행차와 도덕적 문제

자율 주행차가 완전히 자율적으로 운전할 수 있는지, 그리고 인간의 개입이 어디까지 허용되어야 하는지에 대한 도덕적인 논의가 필요합니다. 이는 차량의 안전성과 운전자의 책임에 대한 문제와 관련이 있기 때문입니다.

자율 주행차는 수많은 데이터를 수집하고 처리합니다. 이는 개인의 프라이버시와 관련된 문제를 초래할 수 있으며, 어디까지 데

이터를 수집하고 활용할 수 있는지에 대한 도덕적 고민이 필요합
니다.

3 개인 정보 보호와 인공 지능

인공 지능은 대규모의 데이터를 필요로 합니다. 이러한 데이터
에는 종종 민감한 개인 정보가 포함되어 있기에 개인의 프라이버
시와 안전을 위협할 수 있습니다. 개인 정보를 수집하고 사용할
때는 사용자의 동의를 얻어야 합니다.

인공 지능은 개인 정보 보호를 안전하게 저장하고 처리해야 하
기에 데이터 보안과 암호화가 필요합니다. 또한 데이터 접근 권한
을 제한하여 무단 엑세스를 방지해야 합니다.

12 노동시장의 미래
: 자동화와 일자리 창출

I 주요 내용과 주장

기술 발전과 자동화로 인해 미래 노동 시장이 변화하고 있습니다. 자동화 기술의 도입으로 일부 전통적인 일자리가 사라지고, 새로운 직무가 생겨나고 있습니다.

자동화는 일자리를 일부 무력화시키지만, 동시에 새로운 일자리를 창출합니다. 이러한 변화는 산업 구조와 기술 혁신에 따라 다르게 나타날 수 있으며, 적절한 정책 조치와 교육 제도의 혁신이 필요합니다.

II 토론 발표의 주요 질문과 쟁점

❶ 자동화로 인해 일자리가 줄어들면 어떻게 될까?

일부 반복적이고 예측 가능한 작업은 자동화 기술에 의해 대체될 수 있고, 일자리를 잃은 노동자들이 구직자로서 시장에 진입하게 되면, 일자리 경쟁이 치열해 질 수 있습니다.

일자리 감소로 인해 소득이 감소하면 소비력이 감소할 수 있으며, 이는 경제적 불안정을 야기하여, 지역 사회 및 국가 전체의 경제에 부정적인 영향을 미칠 수 있습니다.

일자리 감소가 특정 집단이나 지역에 집중될 경우 사회적 불평등이 증가하여 사회적 금융 격차의 확대와 함께 사회 안전망에 대한 압력을 증대시킬 수 있습니다.

자동화로 인해 일자리가 줄어들 경우의 영향과 대응 방안에 대해 논의할 수 있습니다.

❷ 어떤 종류의 일자리가 자동화에 영향을 받을 것으로 예상되는가?

생산 라인에서의 조립 작업, 공장 내의 물류 및 운송 작업 등이 자동화에 영향을 받을 것으로 예상됩니다. 또한 자동화된 은행 서비스, 고객 서비스 로봇, 자동 주문 및 결제 시스템 등이 서비스 업계에서 일자리를 대체할 수 있습니다.

저술의 업무도 영향을 미칠 것으로 예상되는데, 데이터 입력, 기초적인 회계 업무, 특정 소프트웨어를 통한 작업 등이 포함될 수 있습니다. 일부 의료 진단 및 이미지 분석, 언어 번역 같은 유사성 및 패턴 인식이 필요한 이미지 및 음성 인식 기술이 자동화에 영향을 받을 것으로 예상됩니다.

❸ 자동화에 적응하기 위한 교육과 재교육이 어떻게 이루어져야 하는가?

자동화된 작업 환경에서 필요한 기술과 디지털 능력을 강화하는 교육이 필요합니다. 이는 컴퓨터 프로그래밍, 데이터 분석, 인공 지능 및 기계 학습 등의 기술을 학습하고, 디지털 리터러시를 향상시키는 것을 의미합니다.

자동화에 영향을 받을 것으로 예상되는 산업 및 직종에 대한 업무 관련 교육프로그램을 개발하고 확대해야 합니다. 이러한 대응으로 해당 직무의 요구 사항에 맞춰 역량을 업그레이드하고 새로운 기술에 적응할 수 있도록 지원할 수 있습니다. 이러한 노력은 프로그램에 대한 접근성이 높아야 하며, 경제적으로 부담없이 참여할 수 있도록 지원되어야 합니다.

❹ 노동자들의 수요와 기술의 발전을 어떻게 조화시킬 수 있을까?

노동자들에게 업무 관련 기술을 습득할 수 있는 교육 기회를 제공하고, 새로운 기술과 투자에 대응하고 성장할 수 있도록 지속적인 역량 개발 프로그램을 구축해야 합니다. 꾸준한 학습 및 발전을 통해 노동자들의 능력과 전문성을 유지하고 향상시킬 수 있습니다.

또한 산업과 교육 기관 간의 협력을 강화하여 실무 중심의 교육 및 훈련 프로그램을 개발하여 산업의 요구에 부합하는 실질적인 기술을 갖춘 노동자들을 양성해야 합니다.

더불어 노동자들이 업무와 교육을 병행할 수 있도록 유연한 학습 환경을 제공하는 것이 중요한데, 온라인 강의, 이동식 교육 플랫폼, 유연한 학습 시간 등을 통해 노동자들이 학습에 접근하기 쉽도록 해야 합니다. 생애 주기별 진학과 학습을 촉진하여 일생 동안 지속적인 학습과 발전을 도모하는 것도 자신의 경력을 계속적으로 발전시키며 새로운 기회에 대응할 수 있도록 도울 수 있습니다.

III 반론 제기

1 자동화로 인한 일자리 감소는 일시적이고, 새로운 산업과 일자리가 창출될 것이다.

자동화로 인한 일시적인 일자리 감소에도 불구하고, 자동화 기술이 발전함에 따라 새로운 산업과 직종이 등장하며, 새로운 산업과 일자리가 창출될 것으로 예상됩니다.

일부 직종은 자동화로 인해 직접적인 일자리 감소가 발생할 수 있지만, 일부 직종은 진화하고 변화하여 새로운 기술과 함께 존속할 수 있습니다. 이를 통해 일자리 감소를 최소화하고 새로운 일자리를 창출하는데 기여할 수 있습니다.

2 일부 분야에서는 인간의 역량과 지능이 필요하여 자동화로 완전히 치환되기 어렵다.

일부 분야에서는 창의성과 감성적인 역량이 필요한 작업이 있습니다. 예를 들어, 예술, 디자인, 마케팅 등의 분야에서는 인간의 창의력과 감성이 필수적이며, 이러한 역량은 자동화로 완전히 대체되기 어렵습니다.

또한 복잡한 문제 해결과 의사 결정이 필요한 분야는 자동화로 완전히 치환되기 어렵습니다. 고객 서비스, 의료 서비스, 교육 등의 분야에서는 인간의 상호 작용이 필수적이며, 이는 자동화로 완전히 대체될 수 없습니다.

마지막으로 인간은 능동적이고 융통성 있는 작업 방식을 가지고 있기에 이는 다양한 상황에 대응하고 새로운 문제에 대한 해결책을 찾는데 도움이 되며, 자동화로 완전히 치환되기 어렵습니다.

IV 대안 제시

1 교육과 재교육 시스템을 혁신하여 인공 지능 및 자동화 분야에 대한 기술 및 역량을 갖춘 노동력을 양성한다.

인공 지능 및 자동화 분야에 대한 현실적이고 혁신적인 교육 프로그램 개발이 필요하고, 산업과 교육 기관 간의 협력을 강화하여 실무 중심의 교육 프로그램을 제공해야 학생들이 실무에서 필요한 기술과 지식을 습득할 수 있습니다.

학생들의 개인적인 학습 스타일과 관심사에 맞춘 맞춤형 교육 및 학습 경로를 제공해야 역량을 최대한 발휘하고, 새로운 기술과 도전에 대한 자신감을 키울 수 있도록 도울 수 있습니다.

커리큘럼의 지속적인 업데이트가 중요한데 빠르게 변화하는 기술 및 산업 환경에 대응하기 위해 최신 정보를 습득할 수 있도록 도울 수 있기 때문입니다. 더불어 실무에서 필요한 기술과 역량을 배울 수 있도록 도움을 주어야 새로운 일자리 창출과 노동 시장의 변화에 대응할 수 있습니다.

2 일자리의 질을 향상시키기 위해 정부와 기업이 협력하여 노동자의 스킬을 향상시키고 새로운 일자리를 창출하는 노력을 강화한다.

새로운 기술 및 역량 획득을 위한 교육 기회를 제공하고, 노동자들이 빠르게 변화하는 시장에 적응할 수 있도록 도와야 합니다. 산업별로 맞춤형 교육 및 훈련 프로그램을 개발하여 필요한 스킬과 역량을 갖춘 노동자를 양성해야 합니다.

정부는 기업이 기술과 혁신을 추구할 수 있도록 지원하는 정책을 제공해야 기술 혁신을 촉진하는데, 중요한 역할을 할 수 있습니다. 일자리 창출을 촉진하고 투자를 유도해야 경제의 성장을 촉진하고 노동 시장을 활성화할 수 있습니다.

V 다양한 연관 발표 토론 주제

1 근로 시간 단축과 일자리의 미래

　새로운 기술과 자동화의 도입으로 생산성이 증가함에 따라 노동 시간을 단축함으로써, 노동자의 피로도를 감소시키고 가족생활이나 여가 활동에 더 많은 시간을 할애함으로써 노동자의 삶의 질을 향상시킬 수 있습니다.

　자동화와 더불어 근로 시간이 일자리의 감소를 가져올 수 있는가, 아니면 새로운 일자리 창출을 견인할 수 있는가에 대한 논의가 필요합니다. 노동자의 삶의 질 향상과 경제의 안정성 증진에 대한 주장이 가능할 것입니다. 하지만 근로 시간 단축이 기업의 생산성에 부정적인 영향을 미칠 수 있으며, 이로 인해 일자리 감소가 발생할 수 있다는 의견을 제시할 수도 있습니다.

2 범죄율과 자동화: 범죄율에 미치는 영향과 대응 방안

　자동화와 경제학적 변화는 범죄율에 어떤 영향을 미치는지를 분석하고, 일자리의 감소와 노동 시장의 변화로 인해 범죄율이 상승할 수 있는 영향을 탐구할 필요가 있습니다.

　일자리의 감소로 인한 사회적 불안정이 범죄율 상승과 연관될 수 있고, 일자리의 감소로 인한 빈곤층의 증가가 범죄 발생률을 높일 수 있다는 측면에 관심을 가질 필요가 있습니다.

　자동화로 인한 일자리 감소가 범죄율 상승에 미치는 부정적인

영향을 강조할 수 있지만, 반론으로 자동화가 일부 범죄를 예방하는데 도움이 될 수 있으며, 기술의 발전으로 범죄 대응 능력이 향상될 수 있다는 의견을 제시할 수 있습니다.

❸ 노동 시장의 성별 격차와 자동화: 여성 노동자에 대한 영향 분석과 대책 제시

여성 노동자가 전통적으로 서비스 업종이나 저임금 직종에서 일하는 경향이 있기 때문에 자동화에 미치는 영향이 큽니다. 자동화로 인해 일부 전통적인 여성 직종이 사라질 수 있으며, 이로 인해 여성 노동자의 일자리 감소가 발생할 수 있습니다. 여성이 남성보다 기술적인 직무에 진입하기 어려운 사회적 요인이 자동화에 의한 영향을 더 크게 받을 수 있습니다.

여성 노동자의 자동화에 대한 취약성을 강조하고, 이를 보완하기 위한 대책이 필요하다고 주장할 수 있습니다. 하지만 여성 노동자도 기술적 역량을 향상시키고 적절한 교육을 받음으로써 자동화 시대에 적응할 수 있다는 반론을 제시할 수도 있습니다.

13 빅 데이터와 경제학

I 주요 내용과 주장

빅 데이터와 경제학은 상호 작용하여 경제의 다양한 측면을 이해하고 예측하는데 활용됩니다. 자동화와 일자리 창출의 관계에서 빅 테이터는 중요한 역할을 합니다. 빅 데이터 분석을 통해 자동화의 영향을 조사하고 일자리의 트렌드를 파악할 수 있습니다.

빅 데이터는 자동화에 따른 일자리 변화를 예측하고 대응하기 위한 중요한 도구로 활용될 수 있습니다. 빅 데이터 기술을 통해 정책 결정자와 기업은 효율적으로 일자리 창출 및 관리를 할 수 있으며, 이를 통해 미래 노동 시장의 안정성을 높일 수 있습니다.

II 토론 발표의 주요 질문과 쟁점

■ 빅 데이터를 활용하여 자동화로 인한 일자리 변화를 어떻게 예측할 수 있는가?

과거 데이터를 통해 특정 산업이나 직종에서 자동화가 진행될 때 어떠한 패턴이 나타났는지를 분석하여 미래에 비슷한 변화가 발생할 것으로 예상되는 분야를 식별할 수 있습니다.

기술 발전과 산업 동향을 파악하여 어떠한 기술이나 산업이 미래에 성장할 것이며, 이에 따라 어떤 일자리가 사라지고 어떤 일자리가 생겨날 것인지를 예측할 수 있습니다.

또한 산업 내부의 변화나 급격한 기술 도입 등을 실시간으로 파악하여 이에 따른 일자리 변화를 예측할 수 있고, 머신러닝과 예측 모델을 구축함으로써 자동화로 인한 일자리 변화를 예측할 수 있습니다.

② 빅 데이터를 기반으로 한 정책과 기업의 전략은 어떻게 일자리 창출에 기여할 수 있는가?

빅 데이터 분석을 통해 지역, 산업, 직종별로 일자리 수요와 공급을 분석할 수 있습니다. 이를 기반으로 맞춤형 일자리 창출 프로그램을 개발하여 일자리 수요와 공급을 조화시킬 수 있습니다.

미래 산업의 수요와 성장 가능성의 예측을 기반으로 교육 프로그램을 개발하여 새로운 기술 및 직무에 필요한 역량을 갖춘 인력을 양성하여 일자리 수요에 맞춰 교육을 제공할 수 있습니다.

빅 데이터를 활용하여 특정 지역의 산업 클러스터를 분석하고, 이를 토대로 정책 결정자와 기업은 해당 지역의 산업 클러스터를 지원하는 정책과 전략을 수립하여 일자리 창출과 경제적 발전을 촉진할 수 있습니다.

❸ 빅 데이터의 활용이 미래 노동 시장의 불균형을 어떻게 예방하고 해결할 수 있는가?

빅 데이터는 수많은 데이터를 기반으로 분석을 수행하여 특정 산업이나 직종의 수요가 증가할 것으로 예측되면, 이에 맞춰 교육 및 훈련 프로그램을 개발하여 해당 분야에 필요한 인력을 양성할 수 있습니다.

노동 시장에서 필요로 하는 기술 및 역량을 분석하여 이를 기반으로 교육 프로그램을 개선하여, 노동자들이 현재 시장에서 요구되는 기술과 역량을 보유하게 되어 불균형을 완화할 수 있습니다.

빅 데이터를 활용하여 일자리 플랫폼을 통해 노동자와 기업을 연결하고, 노동자들이 유연하게 일자리를 찾고 제공할 수 있도록 노동 시장의 유연성을 향상시킬 수 있습니다. 더불어 규제 및 법률을 개선하여 노동 시장의 불균형을 해결할 수 있습니다.

III 반론 제기

❶ 빅 데이터의 활용은 개인 정보 문제를 야기할 수 있다.

대규모 데이터 수집과 분석 과정에서 개인의 민감한 정보가 노출될 수 있는데, 이는 개인의 프라이버시를 침해하고, 정보 유출로 인한 개인 정보 보호 문제를 야기할 수 있습니다.

대규모 데이터의 수집과 저장은 보안 취약성을 높일 수 있어,

해커나 사이버 공격자들에 의한 개인 정보의 유출 위험을 증가시킬 수 있습니다. 개인 정보가 부당하게 사용되거나 악의적으로 활용되어 개인의 정보를 잘못된 목적으로 활용된다면 그 가족에게 피해를 줄 수 있습니다.

② 빅 데이터 분석은 모든 측면을 고려하지 못하고, 예측의 오류 가능성이 있다.

빅 데이터는 일부 데이터의 부족이나 왜곡으로 인해 예측 모델의 정확성이 희석될 수 있습니다. 변수 간의 복잡한 상호 작용을 완벽하게 이해하고 모델링하기 어려워 예측의 오류 가능성이 증가할 수 있습니다.

빅 데이터는 특정 시기나 상황에서 수집된 데이터일 수 있으며, 이는 미래를 예측하는데, 한계를 가질 수 있기에, 새로운 트렌드나 변화를 반영하기 어려울 수 있습니다. 또한 외부 요인이나 변수를 고려하지 않고 예측 모델을 구축할 수 있는데 이로 인해 예측의 오류 가능성이 증가할 수 있습니다.

IV 대안 제시

① 개인 정보 보호를 보장하면서도 빅 데이터의 활용을 최대한 확대하는 정책을 수립한다.

빅 데이터를 수집할 때 개인 식별 정보를 완전히 제거하거나 마스팅하여 익명화된 데이터를 활용하여 개인 정보 보호를 보장하면서도 데이터 분석의 활용성을 유지할 수 있습니다.

개인 정보를 완전하게 보호하기 위해 암호화 기술을 도입하여 데이터를 안전하게 저장하고 전송함으로써 개인 정보 유출의 위험을 최소화할 수 있습니다. 또한 법적 규제와 감시 체계를 강화하여 데이터 수집과 처리 과정에서 개인 정보 보호를 철저히 지키도록 합니다.

개인 정보 수집 및 활용 목적을 명확히 고지하고, 개인의 동의를 받는 것을 강조합니다. 개인은 언제든지 자신의 개인 정보에 대한 접근 권한을 갖도록 하여 데이터 처리 과정에 대한 투명성을 제공할 수 있습니다.

2 빅 데이터를 활용한 예측 모델을 지속적으로 개선하고 보완하여 정확성과 신뢰성을 높인다.

정확하고 신뢰할 수 있는 예측을 위해 데이터의 품질을 개선하는 것이 필요합니다. 데이터의 정확성, 완전성, 일관성 등을 보장하기 위해 데이터 수집 과정에서의 오류를 최소화하고, 데이터 정제 및 표준화 과정을 강화합니다.

새로운 데이터가 축적됨에 따라 예측 모델을 지속적으로 업데이트하고 개선하여, 새로운 패턴이나 트렌드를 식별하고 반영하여 모델의 정확성과 신뢰성을 높일 수 있습니다.

머신러닝 및 딥러닝 기술을 활용하여 복잡한 패턴을 탐지하고 예측하는 능력을 활용하여, 예측 모델의 정확성을 높이고, 신속하게 변화하는 데이터 환경에 대응할 수 있습니다.

V 다양한 연관 발표 토론 주제

1 인공 지능과 빅 데이터: 경제적 파급 효과와 윤리적 고려 사항

인공 지능과 빅 데이터 기술은 기업 및 산업 전반에 혁명적인 변화를 가져왔습니다. 이러한 기술은 생산성을 향상시키고 새로운 시장을 창출하여 경제 성장을 촉진할 수 있습니다.

빅 데이터의 분석을 통해 기업은 고객 행동을 더 잘 이해하고 예측하여 개인화된 제품 및 서비스를 제공할 수 있으며 이는 소비자 만족도를 높이고 경제적 가치를 창출합니다.

빅 데이터 수집 및 분석 과정에서 사용되는 개인 정보의 보호 문제가 제기되는데, 사용자의 개인 정보를 적절하게 보호하고 불법적인 데이터 수집 및 사용을 방지하는 것이 필요합니다.

인공 지능 알고리즘은 데이터에 기반하여 의사 결정을 내리는데, 이 과정에서 편향성이 발생할 수 있습니다. 이러한 영향을 종합적으로 고려하여 제도와 정책을 수립해야 합니다.

2 빅 데이터와 소득 불평등: 데이터 기반의 정책 제안과 사회적 영향 분석

빅 데이터를 활용하여 정책 제안을 수립할 때는 다양한 데이터

소스를 활용하여 정책의 효과를 예측하고 분석해야 합니다. 소득 불평등을 줄이기 위한 정책을 수립할 때에도 빅 데이터를 이용하여 소득 수준, 교육 수준, 산업 분야별 소득 격차 등을 분석하여 정책의 효율성을 높일 수 있습니다.

소득 불평등이 사회적으로 어떤 영향을 미치는지 분석하는 것이 중요한데, 이를 통해 소득 불평등이 사회적 안정성, 경제 성장, 국민 행복 지수 등에 미치는 영향을 파악하고 이에 대한 대응책을 마련할 수 있습니다.

빅 데이터를 기반으로 한 소득 불평등 감소를 위한 정책 수립은 균형 있는 접근이 필요합니다. 이는 소득을 조절하는 정책뿐만 아니라 교육, 기술 향상, 일자리 창출 등 다양한 측면에서 고려되어야 합니다.

14 디지털 경제와 미래 직업

I 주요 내용과 주장

현대 사회에서 디지털 기술의 발전은 산업 구조와 경제 활동의 패러다임을 완전히 변화시켰습니다. 인터넷, 인공 지능, 빅 데이터 등의 기술이 더 많은 분야에 적용되면서 새로운 디지털 경제가 형성되었습니다. 이는 기업의 경영 방식, 생산 방식, 그리고 노동 시장에 영향을 미치고 있습니다.

디지털 경제의 발전은 미래 직업의 모습을 변화시켰습니다. 기존의 직업이 사라지거나 변형되는 반면, 새로운 직업이 등장하고 있습니다. 예를 들어, 데이터 분석가, 소프트웨어 개발자, 인공 지능 엔지니어 등의 직업이 급부상하고 있습니다.

II 토론 발표의 주요 질문과 쟁점

■ 어떻게 디지털 경제가 미래 직업에 영향을 미치고 있을까?

디지털 경제의 발전으로 자동화 기술과 인공 지능 기술이 더욱 발전하고 있습니다. 디지털 경제의 발전은 새로운 직업의 등장을 촉진하여, 데이터 분석가, 빅 데이터 엔지니어, 디지털 마케터 등과 같은 새로운 직업들이 등장하고 있습니다. 기존 직업들의 변형을 초래하기도 하는데 전통적인 제조업이나 서비스 업계에서도 디지털 기술을 활용한 업무가 늘어나고 있습니다.

미래 직업에는 디지털 기술에 대한 이해와 숙련된 기술이 점점 더 중요해지고 있습니다. 따라서 미래 직업을 위해 필요한 역량과 기술이 계속해서 변화하고 있으며, 이에 따른 교육과 자기 계발의 필요성이 증가하고 있습니다. 디지털 기술에 익숙한 지역이나 산업은 발전의 기회를 더 많이 가질 수 있으며, 이에 따른 경제적 및 사회적 영향이 발생하여 지역과 산업 간의 격차를 더욱 확대시킬 수 있습니다.

② 기존 직업의 사라짐과 새로운 직업의 등장은 사회적으로 어떤 영향을 미칠 것인가?

기존 직업의 사라짐과 새로운 직업의 등장은 고용 구조에 변화를 가져와 이로 인해 일자리의 불안정성이 증가할 수 있습니다. 새로운 직업의 등장은 전문성과 특정 기술에 대한 요구가 증가되어 교육 체계와 교육 방법이 변화해야 할 필요가 있으며, 이로 인해 교육의 혁신과 자기 계발의 중요성이 강조됩니다.

새로운 직업의 등장은 높은 기술 및 전문성을 필요로 하기 때문에 이를 갖추지 못한 사람들은 고용 기회에 제한을 받을 수 있기에, 소득 격차와 사회적 불평등이 더욱 심화될 수 있습니다.

새로운 직업의 등장으로 직업적 자아 정체성이 변화할 수 있기에, 새로운 직업들이 현대 사회에서의 인식과 가치관을 형성할 수 있습니다. 일시적으로 고용이 줄어들거나 일시적인 고용 불안정성이 증가할 수 있기에, 사회적 안전망과 정책적 대응이 필요하며, 취업 교육 및 재교육 프로그램, 일자리 보장 정책들이 강화되어야 합니다.

❸ 미래 직업에 필요한 역량과 교육은 어떻게 변화해야 할까?

미래 직업은 점점 더 디지털 기술에 의존하고 있습니다. 교육 체계에서는 프로그래밍, 데이터 분석, 빅 데이터 처리 등과 같은 기술들을 강화하고 관련 교육을 제공해야 합니다. 미래 직업은 복잡한 문제에 대한 해결책을 찾고 새로운 아이디어를 발굴할 수 있는 능력이 필요합니다. 학교에서는 문제 해결 능력을 강화하는 프로젝트 기반 학습이나 창의성을 키우는 교육 방법을 도입해야 합니다.

미래 직업에서는 팀으로 일하고 타인과의 원활한 커뮤니케이션 능력이 중요하기에 그룹 프로젝트, 토론 및 발표 활동 등을 통해 이러한 능력을 키워야 합니다. 또한 윤리적인 문제에 대한 인식과 책임감이 필요하기에, 윤리적 사고와 책임감을 강조하고, 사회적 책임을 이해하고 실천할 수 있는 교육이 필요합니다.

마지막으로 미래 직업은 기술과 산업의 변화가 빠르기 때문에 지속적인 학습 문화를 구축해야 합니다. 개인의 역량을 유지하고 발전시키기 위해 계속해서 새로운 지식과 기술을 습득하고 적용할 수 있는 능력이 필요하기에, 평생 학습을 지원하는 정책과 프로그램을 강화해야 합니다.

III 반론 제기

1 고용의 불안정성: 디지털 경제의 발전은 일부분의 직업을 더욱 불안정하게 만들었습니다. 특히, 자동화와 인공 지능 기술의 도입으로 인해 일부 분야에서는 인력이 줄어들고 있습니다.

디지털 경제의 발전은 새로운 직업의 등장을 촉진합니다. 새로운 직업은 고용 기회를 확대시키고 있으며, 이를 통해 일부 직업의 사라짐에 대한 영향을 상쇄시킬 수 있습니다. 자동화와 인공 지능 기술의 도입으로 인한 고용 불안정성은 인력의 재편성과 재교육 기회를 통해 해결할 수 있습니다.

인공 지능과 로봇 기술이 발전하더라고 인간의 창의성, 감성, 판단력 등은 인공 지능이나 자동화로 대체하기 어렵기에, 인력의 감소와 함께 일부 직업이 사라지더라도 인간의 역할이 필요한 새로운 영역이 확대될 수 있습니다. 적극적인 고용 창출 정책과 같은 정책적 대응, 일자리 보장 제도 등을 통해 고용의 불안정성에 대응하여 사회적 안전망의 구축이 필요합니다.

2 디지털 격차의 확대: 디지털 경제의 발전은 디지털 격차를 더욱 확대시킬 수 있습니다. 디지털 기술에 능통한 사람들은 경제적 혜택을 누리는 반면, 디지털 기술에 접근이 어려운 사람들은 경제적으로 불리해질 수 있습니다.

디지털 기술의 발전은 기존에는 어려움을 겪던 사람들도 디지털 기술에 대한 접근성이 향상되어 쉽게 접근할 수 있는 기회를 제공합니다. 디지털 교육 프로그램, 디지털 역량 강화를 위한 지원금 제공, 디지털 기기의 보급 등과 같은 정책적 개입과 지원을 통해 경제적으로 불리한 사람들도 디지털 교육을 습득하고 활용할 수 있는 기회를 제공할 수 있습니다.

디지털 경제의 발전은 새로운 산업이나 직업을 창출할 수 있습니다. 예를 들어, 디지털 마케팅, 온라인 교육, 소셜 미디어 관리 등의 직업이 등장하고 있는데, 이러한 산업과 직업은 기존에는 경험이 부족한 사람들에게도 새로운 기회를 제공하여, 디지털 격차를 줄이는데 기여할 수 있습니다.

마지막으로 디지털 경제 시대에는 문제 해결 능력, 커뮤니케이션 능력과 같은 사회적 기술 역량이 더욱 중요해지기에 경제적으로 불리한 사람에게도 새로운 기회를 제공하여 디지털 격차를 줄이는데 도움이 될 것입니다.

IV 대안 제시

1 교육 체계의 개선: 미래 직업에 필요한 기술과 역량을 갖추기 위해서는 교육 체계를 개선해야 합니다. STEM(과학, 기술, 공학, 수학) 교육과 함께 실무 중심의 교육이 강화되어야 합니다.

미래 직업은 기술과 과학 분야에서의 능력이 중요하기에 과학, 기술, 공학, 수학 분야에서 필요한 기초 지식과 문제 해결 능력을 갖추도록 하여 미래에 필요한 기술을 습득하게 해야 합니다. 또한 미래 직업은 실무 경험이 중요하기에, 교육 체계에서는 이론적인 학습뿐 아니라 실무 경험을 쌓을 수 있는 프로그램을 강화해야 합니다.

미래 직업은 창의성과 혁신이 필요하기에 혁신적인 교육 방법을 도입하여, 학생들의 창의성을 증진시키고 문제 해결 능력을 강화해야 합니다. 마지막으로 미래 직업은 계속해서 변화하고 있기 때문에 학생들이 평생 학습하고 스킬을 개발할 수 있는 환경을 제공해야 합니다.

2 재교육 및 전문성 강화: 기존 직업의 사라짐으로 피해를 입은 사람들을 위해 재교육 프로그램을 강화하고, 미래 직업에 필요한 전문성을 갖출 수 있도록 지원해야 합니다.

디지털 경제의 발전으로 기존 직업이 사라지는 피해를 입은 직종의 근로자들을 대상으로 재교육 프로그램을 강화해야, 산업의 변화에 따라 필요한 새로운 기술과 역량을 학습할 수 있는 기회를 제공할 수 있습니다.

미래 직업에 필요한 전문성을 갖추기 위해서는 교육 과정을 개선하고 전문성을 강화하는 프로그램을 제공해야 합니다. 산업체와의 협력을 통해 실무 중심의 교육을 제공하여 실무 경험을 쌓을 수 있도록 돕는 것이 중요합니다.

미래 직업을 위한 전문성을 효과적으로 갖추기 위해서는 연중 교육 및 유연한 학습 방식을 도입해야 합니다. 그래서 일하는 동안 교육을 받을 수 있는 기회를 제공하여 직장과 학습을 조화시켜, 근로자들이 더욱 쉽게 전문성을 향상시킬 수 있도록 도울 수 있습니다.

V 다양한 연관 발표 토론 주제

▮ 인공 지능의 윤리와 안전 문제

인공 지능 기술의 발전은 윤리적 문제와 안전 문제를 동반하기에, 정부와 기업은 인공 지능 개발 및 활용 시 윤리적인 가치를 준수하고, 사용자의 개인 정보 보호와 안전을 최우선으로 고려해야 합니다.

또한 인공 지능 시스템의 운용 과정에서는 알고리즘의 작동 원리를 공개하고, 의사 결정의 근거를 명시함으로써 사용자에게 신뢰감을 제공하고, 인공 지능의 예측 불가능한 행동에 대비하는 등 투명성과 책임성을 보장해야 합니다.

인공 지능 시스템의 안전 문제에 대비하여 사전 예방과 대응책 마련이 필요합니다. 이를 위해 보안 시스템 강화, 해킹 및 악용 방지를 위한 기술 개발, 비상 상황 대응 플랜 등의 수립등이 중요합니다.

마지막으로 인공 지능 기술은 인간의 편의성과 행복을 증진시키는데 사용되어야 하므로, 인공 지능 시스템의 설계와 사용은 인간 중심적인 접근을 바탕으로 이루어져야 하며, 사용자의 권익과 개인 정보 보호를 최우선으로 고려해야 합니다.

② 디지털 교육의 중요성과 활용 방안

디지털 기술의 활용을 통해 학생들이 미래 사회에서 요구되는 기술과 역량을 습득할 수 있습니다.

학생들에게 디지털 리터러시를 강화하는 교육 프로그램을 도입하여 디지털 환경에서 정보를 평가하고 활용하는 능력을 키울 수 있습니다.

온라인 학습 플랫폼을 활용하여 학생들이 자신의 학습 속도와 스타일에 맞게 맞춤형 학습을 제공하고, 새로운 지식과 기술을 습득할 수 있게 할 수 있습니다. 코딩 교육을 통해 논리적 사고력과 문제 해결 능력을 키우고 창의성을 개발하여 미래 직업 시장에서 경쟁력을 갖출 수 있습니다.

디지털 시대에는 협업과 창의성이 중요한 역량으로 부각되기에 학생들이 팀 프로젝트를 통해 협업하고 문제를 해결하는 과정을 경험할 수 있는 교육 방법을 채택해야 합니다.

마지막으로 디지털 교육의 혜택을 모든 학생이 누릴 수 있도록 디지털 교육의 접근성을 높이는 등 사회적 격차를 해소하기 위한 노력이 필요합니다.

15 인공 지능과 경제의 상호 작용

I 주요 내용과 주장

인공 지능 기술은 경제에 혁명적인 변화를 가져오고 있습니다. 이를 통해 생산성이 향상되고 비용이 절감되며, 새로운 산업이 탄생하고 기존 산업도 변화하고 있습니다. 인공 지능은 기업이 생산성을 증대시키고 새로운 비즈니스 모델을 가능하게 합니다. 또한 시장 예측과 고객 서비스에서도 큰 역할을 하고 있습니다.

II 토론 발표의 주요 질문과 쟁점

■ 인공 지능의 발전이 노동 시장에 어떠한 영향을 미치는가?

인공 지능 기술의 발전은 일부분의 직업을 위협하여 기존의 인력을 대체할 수 있으나, 동시에 새로운 업무 영역이나 인공 지능 관련 직업이 등장하고 있습니다. 기존의 직업들도 인공 지능 기술의 도입으로 변화하고 있기에 데이터 분석가나 인공 지능 엔지니어와 같은 새로운 역량과 기술을 요구하는 직업이 부상하고 있습니다.

인공 지능 기술의 도입은 일부분의 직업은 사라지게 만들 수 있으며, 이는 경제적 불평등을 확대시킬 수 있습니다. 정부와 기업은 이러한 불평등을 해소하기 위하여 교육 체계의 혁신과 전문성 강화, 일자리 창출을 위한 정책 등이 필요합니다.

노동 시장이 인공 지능 기술의 발전으로 불안정성이 증가될 수 있기에, 이에 대비하여 정책적으로 노동자들의 적응력을 높이고, 일자리의 유연성을 확보하는 정책이 필요합니다.

2 기존 산업과 새로운 산업 간의 격차는 어떻게 다루어져야 하는가?

기존 산업에서 인력이 불균형하게 분산되어 있거나, 새로운 산업으로 전환에 어려움을 겪는 노동자들을 위해 재교육 프로그램을 강화하고 전문성을 강화하여, 기존 노동자들이 새로운 산업으로 적응할 수 있도록 지원해야 합니다.

기존 산업과 새로운 산업 간의 경계를 허물고, 서로의 강점을 결합하여 혁신적인 솔루션을 창출해야 합니다. 이를 위해 산업간 협력을 촉진하고, 융합 기술의 개발과 활용을 장려해야 합니다.

포용적인 정책은 산업 간 이동성을 높이고, 새로운 기술을 도입할 수 있는 환경을 조성할 수 있습니다. 정부는 이러한 과정에서 기업들을 지원하고, 노동자들에게는 안정성과 보호를 제공해야 합니다.

새로운 산업이 성장함에 따라 정부는 지역 사회의 다양한 요구를 고려하고, 산업 간 격차를 줄이기 위한 투자와 인프라 구축을 적극적으로 지원해야 합니다.

❸ 인공 지능 기술의 활용이 경제의 성장과 불평등 사이의 관계는?

인공 지능 기술의 발전은 경제적 생산성을 높여 성장을 촉진할 수 있지만, 기술의 활용이 일부 집중되거나 특정 산업 또는 지역에 집중될 수 있어서, 그 결과로 불평등이 심화될 수 있습니다.

인공 지능 기술은 새로운 산업과 직업을 창출할 수 있으며, 기존 산업과 직업을 변화시킬 수 있습니다. 그러나 이러한 기술의 혁신은 일자리의 구조와 수요를 변화시킬 수 있어서 일부 직종은 사라지고 다른 직종이 새롭게 생겨날 수 있습니다.

불평등을 해소하기 위해서는 교육, 재교육, 전문성 강화 프로그램 등을 통해 인공 지능 기술에 대한 역량을 보유한 노동자들을 육성하는 것이 중요합니다. 또한 노동 시장의 변화에 대응할 수 있는 정책적 지원이 필요하며, 일자리 창출을 위한 기술 및 산업에 대한 투자도 필요합니다.

인공 지능 기술의 활용에는 윤리적인 측면이 중요하기에, 기술의 사용이 사회의 이익과 공정성을 증진시키는 방향으로 이루어져야 합니다.

III 반론 제기

1 인공 지능 기술의 발전은 일부분의 직업을 대체하고 노동 시장의 불안정성을 증가시킬 수 있습니다.

인공 지능 기술의 발전은 반복적이고 예측 가능한 작업을 자동화하고 대체할 수 있습니다. 이는 일부분의 직업이 자동화되어 사라지거나, 업무의 일부가 자동화되어 직무가 달라지는 결과를 가져올 수 있습니다.

직업의 자동화와 대체는 일부 직업이 사라지고 새로운 직업이 등장하는 노동 시장의 구조를 변화시킬 수 있습니다. 이러한 구조 변화는 노동자들 간의 이동성을 강조하며, 일부 노동자들은 새로운 직업에 적응하지 못하고 일시적으로 노동 시장에서 제외될 수 있습니다.

정부와 기업은 직업의 대체와 노동 시장의 불안정성에 적극적으로 대처하여, 재교육 프로그램과 전문성 강화를 통해 노동자들이 새로운 기술에 대응할 수 있는 능력을 갖추도록 지원해야 합니다. 노동 시장의 구조적 변화에 유연하게 대응할 수 있는 정책적 지원과 사회적 안전망을 구축하여 직업 대체로 인한 불안정성을 완화할 필요가 있습니다.

2 인공 지능 기술의 보급이나 활용에서의 불평등이 경제의 불평등을 심화시킬 수 있습니다.

인공 지능 기술은 초기 투자 비용이 많이 필요할 수 있기에, 이러한 기술에 접근하기 쉬운 기업이나 부자들이 먼저 활용하게 되어 경제적 불평등을 심화시킬 수 있습니다. 고급 기술을 습득하고 활용할 수 있는 역량이 있는 사람들에게 경제적 이점을 가져다 줄 수 있지만, 기술 역량이 부족한 사람들은 경제적으로 뒤처질 가능성이 있습니다.

또한 인공 지능 기술의 보급과 활용은 일부분의 직업을 대체하거나 변형시킬 수 있습니다. 이는 기존에는 일자리를 가지고 있던 사람들에게 불확실성과 불안정성을 초래할 수 있으며, 이러한 불안정성은 경제적 불평등을 증가시킬 수 있습니다.

경제적 불평등을 해소하기 위해서는 기술 교육의 확대와 접근성 향상을 위해 모든 사람이 기술을 이해하고 활용할 수 있는 환경을 조성해야 합니다. 또한 사회적 안전망을 구축하여 기술의 보급이 활용으로 인한 일자리 변화에 대비할 수 있는 지원을 제공해야 합니다.

IV 대안 제시

1 산업과 직업의 변화에 적응할 수 있도록 교육 체계를 혁신하고 노동자들에게 지속적인 교육과 재교육 기회를 제공해야 합니다.

STEM 교육의 강화와 함께 디지털 기술, 인공 지능, 데이터 분석 등에 대한 교육을 강조하여 학생들이 미래 직업에 필요한 역량을 갖출 수 있도록 교육 체계를 혁신해야 합니다. 노동자들에게는 일자리의 변화에 대비하여 정부와 기업은 교육 비용 지원, 휴직 시 재교육 프로그램 제공, 온라인 교육 플랫폼의 활성화 등을 통해 지속적인 교육과 재교육 기회를 제공해야 합니다.

기업은 기술적 역량을 갖춘 인재를 유지하고 발전시키기 위해 내부 교육 프로그램을 운영하고, 외부 교육 기관과 협력하여 직원들의 교육 기회를 확대해야 합니다. 교육 체계는 전통적인 학위 과정뿐만 아니라 짧은 학습 경로나 인증 과정을 제공하여 다양한 노동자들이 쉽게 접근하고 적응할 수 있는 환경을 조성해야 합니다.

2 기술 발전의 혜택을 모든 사람이 누릴 수 있도록 인공 지능의 보급을 촉진하고 디지털 격차를 해소하는 노력이 필요합니다.

모든 사람이 인공 지능 기술을 학습하고 활용할 수 있는 교육 기회를 제공하여 디지털 시대에 필요한 역량을 보유한 인재를 양성하고, 디지털 격차를 줄일 수 있어야 합니다. 이를 위해 저비용의 인공지능 기술과 솔루션을 개발하여 보급함으로써 경제적으로 취약한 지역 및 계층에게 기술에 접근할 수 있는 기회를 제공할 수 있습니다.

인공 지능 및 디지털 기술을 이해하고 활용할 수 있는 능력인 디지털 리터러시를 강화하는 프로그램을 보급하여 모든 사람이 디지털 시대에 적극적으로 참여할 수 있도록 지원해야 합니다. 지역 사회의 요구와 상황에 맞는 인공 지능 솔루션 및 서비스를 개발하고 제공함으로써 지역 사회의 발전과 디지털 격차 해소를 동시에 이루어 낼 수 있습니다.

규제 및 정책을 개선하여 인공 지능 기술의 개발과 보급을 촉진하고, 동시에 개인 정보 보호와 공정한 시장 경쟁을 보장하여 안전하고 공정한 디지털 생태계를 조성해야 합니다.

V 다양한 연관 발표 토론 주제

1 인공 지능과 노동 시장의 미래: 인공 지능 기술의 발전이 노동 시장에 미치는 영향에 대한 토론

인공 지능 기술의 발전은 일부분의 직업을 자동화하고 대체할 수 있지만, 동시에 새로운 일자리를 창출할 수도 있습니다. 인공 기능 기술은 일부분의 작업을 자동화하여 많은 기존 직업들을 변화시킬 수 있습니다. 하지만 여전히 사람의 지능과 노동이 필요한 직업들이 있기에 기술과 노동이 상호 보완적으로 협력하는 모델이 발전할 것으로 예상됩니다.

인공 지능 기술의 발전에 대비하기 위해서는 교육과 재교육이 매우 중요하기에, 미래의 노동 시장에서 요구되는 새로운 기술과 역량을 습득할 수 있는 교육 체계가 구축되어야 합니다. 마지막으로 인공 지능 기술의 발전은 일부분의 사람들에게는 경제적 혜택을 가져다 줄 수 있지만, 다른 사람들에게는 일자리를 잃거나 경

제적 어려움을 초래할 수 있습니다. 따라서 정책적으로 경제적 불평들을 해소할 수 있는 방안에 대해 심도 있는 토론을 진행할 수 있습니다.

2 인공 지능과 사회적 불평등: 인공 지능이 사회적 불평등을 어떻게 형성하고 있는지에 대한 토론

인공 지능은 데이터에 기반하여 작동하기 때문에, 특정 그룹이나 지역에 대한 데이터 부족이나 편향된 데이터가 사용될 경우, 데이터의 품질과 편향이 사회적 불평등을 형성할 수 있습니다. 개발자들의 편견이나 선입견이 알고리즘에 반영될 수 있어, 이는 특정 인종, 성별, 사회 계층 등에 대한 편견을 인공 지능이 배울 수 있기에 그룹 간 불평등을 심화시킬 수 있습니다.

인공 지능 기술의 발전은 일부분의 직업을 대체하고 다른 직업을 창출할 수 있지만, 이러한 변화는 일자리의 구조를 변경하여 경제적 불평등을 형성할 수 있습니다. 교유이나 자원이 부족한 지역이나 그룹은 기술에 대한 접근성이 낮아질 뿐만 아니라, 인공 지능 시대에 필요한 기술과 역량을 습득할 수 있는 기회를 제대로 확보하지 못할 수 있습니다.

인공 지능이 형성하는 사회적 불평등을 해소하기 위해서는, 공정하고 투명한 데이터 수집 및 사용, 다양성과 포용성을 고려한 알고리즘 개발, 접근성 있는 교육 및 기술 시원 등의 성책이 필요합니다.

16 소비와 부의 분배

I 주요 내용과 주장

현대 사회에서 부의 분배는 상당한 불균형을 보이고 있습니다. 예를 들어, 세계에서 상위 1%의 부유층이 전 세계 부의 50% 이상을 소유하고 있습니다. 또한 최근 연구들은 부의 불평등이 점점 더 심화되고 있는 경향을 보여주고 있습니다. 특히 COVID-19와 같은 대유행은 부의 불균형을 더욱 심화시키는 원인이 되었습니다. 이러한 부의 불평등은 사회적 안정과 경제 성장에 부정적인 영향을 미칠 수 있으며, 재분배 정책의 필요성을 강조하는 주장들이 있습니다.

부의 분배와 소비는 긴밀한 관련성을 가지고 있습니다. 부의 불평등이 높은 사회에서는 소득이 낮은 계층이 필수적인 소비를 충족하기 어려울 수 있으며, 이는 소비의 불균형을 야기할 수 있습니다.

또한 부의 분배가 소비 패턴과 소비 결정에 영향을 미칩니다.

고소득층은 고가의 상품이나 경험을 소비하는 경향이 있으며, 이는 소비의 양적, 질적 차이를 만들어냅니다. 따라서 부의 분배와 소비 간의 연관성을 이해하는 것은 부의 분배 개선을 위한 정책 수립에 중요한 요소입니다.

II 토론 발표의 주요 질문과 쟁점

1 부의 불평등의 주요 원인은 다양합니다. 이는 임금 격차, 상속, 교육, 사회적 격차 등 여러 요인에 기인할 수 있습니다. 그리고 이러한 원인은 서로 교차하여 부의 불평등을 심화시키는 구조적인 문제로 작용할 수 있습니다. 예를 들어 교육의 불평등은 직업 기회와 소득 격차를 확대시키는 주요 요인 중 하나입니다.

2 부의 불평등은 사회적 안정과 공정성에 영향을 미칩니다. 불평등이 커질수록 사회적 불안과 불만도가 증가할 수 있으며, 이는 사회적 안정에 부정적인 영향을 미칠 수 있습니다. 또한 부의 불평등은 정치적 격차를 확대시키고, 사회적 이동성을 저해할 수 있습니다. 이는 사회의 공정성과 자유로운 경쟁을 방해할 수 있습니다.

III 반론 제기

1 부의 불평등은 경제적 동기 부여와 자극을 제공하는데 중요한

129

역할을 합니다. 공정한 경쟁을 유지하고, 개인의 노력과 창의성을 보상하는 메커니즘으로 작용할 수 있습니다.

부의 불평등은 경제적인 성과와 보상을 통해 개인들에게 공정한 경쟁을 유지하는 역할을 합니다. 경제적 보상은 개인들이 노력하고 능력을 발휘하여 경쟁에서 승리하고 자신의 성과를 인정받을 수 있는 동기를 부여합니다. 창의성과 혁신을 유도할 수도 있는데 경제적 보상이 높은 성과를 창출하는 노력과 창의성을 보상함으로써 경제적 동기 부여를 제공합니다.

경제적 보상을 통해 개인의 노력과 능력에 따라 자원이 효율적으로 배분되는데, 이는 개인의 욕구를 충족시키고 경제 시스템 전반의 생산성과 효율성을 향상시킵니다.

더불어 부의 불평등은 경제적 동기 부여를 통해 더 많은 투자와 생산을 유도하여 경제 성장과 발전을 촉진합니다. 경제적 보상이 큰 성과를 동기로 하여 개인들이 노력하고 투자함으로써 국가 전체의 경제적인 번영을 이룰 수 있습니다.

2 부의 분배 개선을 위한 재분배 정책은 시장 경제의 효율성을 저해할 수 있습니다. 과도한 세금 부과나 복지 프로그램의 확대는 경제 성장을 제한할 수 있으며, 이는 장기적으로 사회에 불이익을 가져올 수 있습니다.

부의 재분배는 종종 과도한 세금 부과나 복지 프로그램의 확대를 통해 이루어질 수 있습니다.

이는 고소득층으로부터 세금을 더 많이 걷어 들이고, 그 자금을 저소득층이나 사회적 취약 계층에게 재분배함을 의미합니다. 그러나 이러한 과정은 시장 경제의 자율성을 제한하고, 자본의 효율적인 할당을 방해할 수 있습니다.

경제 성장을 제한할 수 있다는 의견도 고려하자면, 과도한 세금 부과와 복지 프로그램의 확대는 고소득층의 투자와 소비를 저해할 수 있으며, 이는 경제의 총생산량과 성장률을 낮출 수 있습니다.

또한 부의 재분배가 과도하게 이루어지면 부를 재분배받는 계층의 의존성이 높아질 수 있습니다. 이로 인해 사회적 불안정과 무능력감이 증가할 수 있으며, 창의성과 경제적 책임감이 감소할 수 있습니다.

마지막으로 부의 재분배는 시장 경제의 기본 원리에 반하는 것으로 인식될 수 있습니다. 시장 경제는 경제 주체 간의 자유로운 거래와 자본의 효율적인 할당에 기반하고 있으며, 이러한 자유 시장 메커니즘은 부의 공정한 분배를 실현할 것으로 기대됩니다.

IV 대안 제시

1 교육과 기회의 평등을 강화하여 부의 불평등을 완화할 수 있습니다. 공교육의 질을 향상시키고, 경제적으로 취약한 계층에게 교육 기회를 제공함으로써 사회적 이동성을 증가시킬 수 있습니다.

2 공정한 세금 제도를 도입하여 부의 분배를 개선할 수 있습니다. 고소득층에 대한 세금 부담을 늘리고, 재분배 정책을 통해 사회적 안전망을 강화함으로써 부의 불평등을 완화할 수 있습니다.

V 다양한 연관 발표 토론 주제

1 소득 보장제 도입의 효과: 소득 보장제를 도입하여 부의 분배를 개선할 수 있는지에 대한 토론

소득 보장제를 도입하면 경제적으로 취약한 개인과 가정이 최소한의 생계비를 보장받을 수 있습니다. 이는 사회적 불안을 줄이고 사회적 안정을 확보하는데 도움이 되기에, 부의 분배의 불균형을 완화할 수 있는 도구로 작용할 수 있습니다. 또한 소득이 낮은 계층에게 직접적인 지원을 제공하여 소득 격차를 감소시킬 수 있는 효과를 가져올 수 있습니다. 소득이 낮은 계층의 소득 수준을 일정 수준으로 유지하고 더 나은 경제적 환경을 제공함으로써 부의 분배의 공정성을 개선할 수 있습니다.

또한 소득 보장제는 경제적으로 취약한 개인들이 사회적으로 이동할 수 있는 기회를 제공합니다. 최소한의 생계비를 보장받는 것은 개인들이 교육에 집중하고 경제 활동에 참여할 수 있는 기회를 제공함으로써 사회적 이동성을 촉진할 수 있기에 부이 분배와 불균형을 완화하는데, 도움이 될 수 있습니다. 더불어 소득 보장제를 도입하면 소득이 낮은 계층에게 추가 소비 능력을 제공하게

되어 소비 확대와 경제적 활동 촉진에 기여할 수 있으며, 이는 다시 경제 성장을 지원하고 부의 분배를 개선하는 데 도움이 될 수 있습니다.

2 **기업의 사회적 책임: 기업의 사회적 책임이 부의 분배와 어떤 관련이 있는지에 대한 토론**

사회적 책임을 갖는 기업은 고용의 기회를 제공하고 공정한 임금을 지불함으로써 경제적으로 취약한 계층의 소득을 증가시키고, 부의 불평등을 완화할 수 있습니다. 또한 지역 사회 발전을 위한 투자를 하거나 지원을 제공할 수 있는데, 이는 교육, 보건, 문화 등 지역 사회의 인프라와 인간적 자본을 강화하여 경제적으로 취약한 지역의 부의 분배를 개선하는데 도움이 될 수 있습니다.

기업의 사회적 책임은 공정하고 투명한 경영을 추구하는 것을 의미합니다. 공정한 경영과 거버넌스는 부의 분배 과정에서 발생할 수 있는 부정행위를 예방하고, 기업 내부에서의 부의 분배를 보다 공정하게 할 수 있도록 도와줍니다. 또한 사회적 책임을 갖는 기업은 환경 보호를 위한 노력을 기울이며, 지속 가능한 경제 모델을 추구하는데, 이러한 지속 가능한 경제 모델은 자원의 효율적 이용과 환경 보호를 통해 부의 분배의 불균형을 완화할 수 있습니다.

17 금융 위기와 시장 조절
: 금융 위기의 원인과 결과를 살펴보고,
정부와 시장의 역할에 대해 논의

Ⅰ 주요 내용과 주장

금융 위기는 주로 금융 시장에서 발생한 부실과 리스크의 축적으로 인해 발발합니다. 이는 대출 채권의 부실, 신용 경색, 시장의 불안 등을 초래할 수 있습니다.

금융 위기의 특징은 경제의 증가율 하락, 실업률 상승, 자본 시장의 약세 등이 포함될 수 있습니다.

시장 조절은 금융 시장의 불균형과 불안정성을 완화하기 위해 필요합니다. 규제와 감독을 통해 시장의 건전성을 유지하고 금융 기관의 리스크를 관리할 수 있습니다. 이는 금융 시장의 안정성과 신뢰를 높이며 경제의 건전한 성장을 촉진할 수 있습니다.

II 토론 발표의 주요 질문과 쟁점

1 일부는 시장 조절이 자유 경제 원리를 침해하고 경제의 효율성을 저해할 수 있다고 주장합니다. 또한 과도한 규제가 기업의 혁신과 경쟁력을 저하시킬 수 있다는 우려가 있습니다.

자유 시장이 경제를 효율적으로 운영하는 것은 맞지만, 과도한 자율성은 금융 위기와 같은 시스템적인 위험을 초래할 수 있습니다. 기업은 이익 추구를 통해 경쟁력을 확보해야 하지만, 이는 동시에 사회적 책임을 부담하는 것을 의미합니다. 시장 조절은 이러한 사회적 책임을 강조하고, 경제 주체의 이익과 사회적 이익을 균형 있게 고려하는데, 도움을 줄 수 있습니다.

과도한 규제는 기업의 혁신을 저해할 수 있지만, 적절한 규제는 경제 주체들이 안정적인 환경에서 혁신을 추구할 수 있도록 도와줍니다. 또한 기술의 발전과 함께 새로운 규제 방식을 탐구함으로써 규제와 혁신 사이의 균형을 유지할 수 있습니다.

자유 시장은 경제를 효율적으로 운영할 수 있지만, 완벽한 시장은 존재하지 않습니다. 이에 시장 실패를 보완하고 공공의 이익을 보호하기 위해 규제가 필요합니다.

2 적적한 규제 수준을 찾는 것은 중요한 문제입니다. 너무 높은 규제는 경제의 활성화를 저해할 수 있지만, 너무 낮은 규제는 시장의 불안정성과 부실을 증가시킬 수 있습니다.

III 반론 제기

1 일부는 시장의 자율성을 중요시하여 정부의 개입을 최소화해야 한다고 주장합니다. 이들은 시장이 스스로 균형을 찾을 수 있다고 믿으며, 너무 많은 규제가 시장의 기능을 방해할 수 있다고 주장합니다.

시장은 수요와 공급의 상호 작용을 통해 자연스럽게 균형을 찾을 수 있으며, 이에 따라 자율적으로 자원이 할당됩니다. 이러한 자율성이 규제로 제한되면 경제의 유연성이 저하되고, 기업의 적응력이 감소할 수 있습니다.

일부는 너무 많은 규제가 시장의 기능을 방해하고 경제의 효율성을 저해할 수 있다고 주장합니다. 과도한 규제로 인해 기업은 새로운 아이디어를 시험하거나 혁신을 추구하는데 제약을 받을 수 있으며, 이는 경제 성장과 발전을 저해할 수 있습니다. 또한 규제가 과도하면 기업의 경쟁력이 약화되고 소비자의 선택 폭이 줄어들 수 있습니다.

일부는 시장이 자율적으로 균형을 찾지 못하는 경우가 있을 수 있으며, 이러한 시장 실패에 대응하기 위해 정부 개입이 필요하다고 주장합니다. 그러나 이들은 규제의 한계를 인식하며, 필요한 경우에만 규제를 도입해야 한다고 주장합니다.

2 다른 일부는 금융 시장의 본질적인 불안정성을 감안할 때 규

제가 필요하다고 주장합니다. 금융 기관의 리스크와 부실을 관리하지 않으면 금융 위기가 발생할 수 있다는 우려를 제기합니다.

금융 시장은 자본의 움직임과 함께 변동성이 높고 예기치 못한 위험이 존재합니다. 이는 금융 기관의 활동과 시장의 특성에 기인한 것으로, 자연스럽게 발생하는 현상으로 이러한 불안정성이 금융 위기의 원인이 되기도 합니다.

금융 기관은 대출, 투자, 보험 등 다양한 금융 활동을 통해 많은 리스크를 감수하고 있습니다. 이들이 적절하게 리스크를 관리하지 못하면 금융 위기가 발생할 수 있기에, 규제는 금융 기관의 안정성과 신뢰성을 유지하기 위해 필요합니다.

규제의 목표는 금융 시장의 안정성을 유지하고, 금융 기관과 시장 참여자들의 투명성과 책임성을 강화하는 것입니다. 이는 금융 시장의 건전성을 보장하고, 금융 위기의 발생 가능성을 최소화하기 위한 것입니다.

IV 대안 제시

1 적절한 규제는 경제의 안정성을 유지하면서도 기업의 혁신과 경쟁력을 촉진해야 합니다. 유연한 규제 체재를 구축하여 금융 시장의 안정성을 유지하면서도 새로운 기술과 비즈니스 모델의 발전을 지원해야 합니다.

2 강력한 감독과 규제는 금융 시장의 건전성을 강화하고 부정한 행위를 방지하는데, 도움이 될 수 있습니다. 투명하고 효과적인 감독 체계를 강화하여 금융 기관의 운영을 감시하고 위험을 감소시킬 필요가 있습니다.

V 다양한 연관 발표 토론 주제

1 금융 규제의 한계

금융 위기 이후 규제 강화가 이뤄졌지만, 모든 위험을 완전히 제어하는 것은 불가능합니다. 금융 시장은 복잡하고 다양한 요인에 영향을 받기 때문에, 모든 위험을 사전에 예측하고 방지하는 것은 어렵습니다. 기술과 혁신의 발전은 금융 시장을 더 복잡하게 만들고, 새로운 위험을 발생시키 수 있습니다. 예를 들어, 디지털 화폐나 암호 화폐의 등장은 전통적인 금융 시장에 새로운 도전을 제공하고 있습니다.

글로벌화와 경제적 연결성 증대로 인해 국제 금융 시장의 안정성을 유지하기 위한 규제가 어려워졌습니다. 금융 위기가 한 국가에서 발생해도 글로벌 시장으로 영향을 미치는 경우가 많기 때문에, 규제의 한계를 노출시키고 있습니다. 금융 시장은 빠르게 변화하고 다양한 요인에 의해 영향을 받습니다. 이러한 복잡성과 불확실성으로 인해 금융 위기를 완전히 예방하거나 통제하는 것은 어렵습니다.

규제의 한계를 극복하기 위해서는 국제적인 협력과 정보 공유가 필요합니다. 또한 새로운 위험에 대응하기 위한 혁신적인 규제 방안과 기술적인 솔루션을 개발하는 것이 중요합니다.

② 금융 규제와 경제 성장

금융 규제는 금융 시장의 안정성과 신뢰성을 확보하는데, 중요한 역할을 합니다. 안정된 금융 시장은 경제 성장을 지원하고, 투자와 소비를 촉진할 수 있습니다. 따라서 적절한 규제는 경제의 건전한 발전에 필수적입니다. 규제가 지나치게 강화되면 혁신과 경제 성장을 저해할 수 있습니다. 따라서 규제는 금융 시장의 안정성을 유지하면서도 경제 성장을 위해 혁신을 촉진할 수 있는 적정한 수준으로 유지되어야 합니다.

금융 위기를 경험한 나라들은 규제 강화를 통해 금융 시장의 안정성을 높이고자 노력해왔습니다. 이러한 규제 강화는 재무 기관의 리스크를 줄이고, 금융 위기 발생 가능성을 낮추는데 도움이 됩니다. 금융 규제는 국가적인 수준뿐만 아니라 국제적인 수준에서도 중요합니다. 글로벌 금융 시장의 연결성을 고려할 때, 국제적 협력과 규제 표준화가 필요합니다.

빠르게 변화하는 금융 시장에 대응하기 위해 효과적인 규제 방안의 발전이 필요합니다. 기술의 발전과 함께 스마트한 규제 방안을 도입하여, 금융 시장의 안정성과 경제 성상을 동시에 유지할 수 있도록 해야 합니다.

18 생명 공학 기술과 윤리적 고려

I 주요 내용과 주장

생명 공학 기술은 의학, 농업, 환경 등 다양한 분야에서 혁신적인 발전을 이루고 있지만, 이에 따른 윤리적 고려가 필요합니다. 인간 생명, 유전자 조작, 환경 파괴 등과 관련된 윤리적 문제에 대한 신중한 고려가 필요합니다.

기술 발전과 함께 윤리적 가치를 고려하여 생명 공학 기술을 발전시키는 것이 중요합니다. 윤리적 가치는 인간의 안전과 복지, 환경 보호 등을 포함하여 고려되어야 합니다.

II 토론 발표의 주요 질문과 쟁점

■1 생명 공학 기술의 윤리적인 활용 방안은 무엇인가?

생명 공학 기술의 윤리적인 활용은 항상 인간의 삶과 안전, 인권을 존중하는 가치와 원칙을 중시해야 합니다. 생명 공학 기술은 의학적 치료, 식량 생산, 환경 보전 등 다양한 분야에서 공익을 위해 활용될 수 있습니다.

이러한 활용 방안은 인류와 환경의 이익을 최대화하도록 고려되어야 합니다.

생명 공학 기술을 활용하는 기업과 연구 기관은 윤리적 거버넌스 체계를 강화하여, 연구 및 개발 단계에서부터 윤리적 원칙을 준수할 수 있도록 해야 합니다. 생명 공학 기술에 대한 사회적 대화와 교육을 강화함으로 대중들이 기술의 잠재적 위험과 이점을 이해하고 윤리적인 결론을 내릴 수 있도록 돕는 것이 중요합니다. 국가 및 국제 기관은 생명 공학 기술의 사용을 규제하고 감시하는 체계를 강화하여, 기술의 남용과 악의적인 활용을 방지하고 윤리적인 사용을 촉진해야 합니다.

② 기술 발전과 윤리적 고려 사이의 균형을 어떻게 유지할 수 있는가?

기술 발전과 동시에 윤리적 고려를 위해 투명하고 개방적인 의사 소통을 유지해야 합니다. 연구 및 개발 과정에서 윤리적인 문제가 발생할 경우 이를 공개하고 대화할 수 있는 공간을 마련하는 것이 중요합니다.

기업이나 연구 기관은 윤리 위원회를 구성하여 생명 공학 기술의 윤리적 쟁점을 검토하고 평가할 수 있도록 해야, 기술 발전과 윤리적 고려 사이의 균형을 유지할 수 있습니다.

또한 국가 및 국제적인 규제 기관은 생명 공학 기술을 규제하고 감시하는 역할을 강화하여 기술 발전과 동시에 윤리적인 사용을 촉진해야 합니다. 전문가와 일반 대중을 대상으로 한 윤리 교육 프로그램을 강화하여 생명 공학 기술에 대한 이해를 높이고 윤리적인 선택을 할 수 있도록 지원해야 합니다. 마지막으로 생명 공학 기술의 발전 과정에 사회적 이해 관점을 수용하고 다양한 이해관계자들의 참여를 촉진하여 윤리적 고려가 반영될 수 있도록 해야 합니다.

❸ 윤리적 가치의 다양성에 대해 어떻게 대처할 것인가?

윤리적 가치는 다양한 문화, 종교, 인간관계 등에 따라 다를 수 있습니다. 따라서 다양한 의견을 수렴하고 그것들을 존중하는 리더십이 중요합니다.

리더는 각종 의견을 경청하고 함께 토의함으로써 적절한 결정을 내릴 수 있어야 합니다. 각종 윤리적 가치를 존중하고 타협할 수 있는 윤리적 대화의 공간을 마련하는 것이 중요합니다. 이를 통해 서로 다른 이해 관점을 이해하고 상호 타협할 수 있는 환경을 조성할 수 있습니다.

또한 윤리적 가치의 다양성을 인식하고 존중하는데, 도움이 되는 교육 및 의사 소통 활동을 강화해야 합니다. 이를 통해 사람들은 자신의 가치관을 이해하고 다른 관점을 존중할 수 있는 역량을 키울 수 있습니다. 윤리적 가치의 충돌이 발생할 경우 중재 기관이나 규제 기관의 역할이 중요합니다. 이러한 기관들은 다양한 이해 관점을 고려하고 공정한 결정을 내릴 수 있는 환경을 조성해야 합니다.

마지막으로 기술 개발자 및 이용자는 사회적 책임을 갖고 다양한 이해 관점을 고려하는 공공 토론에 적극적으로 참여해야 합니다. 이를 통해 윤리적 가치의 다양성을 이해하고 사회적 합의점을 찾을 수 있습니다.

III 반론 제기

■ 기술 발전이 윤리적 고려보다 우선시되는 경우가 있는가?

기술 발전은 종종 경제적인 우선순위에 따라 결정되는 경우가 있습니다. 기술의 상용화나 시장 진출을 위해서는 빠른 개발과 혁신이 필요하며, 이로 인해 윤리적 고려가 충분히 이루어지지 않을 수 있습니다. 기술 개발에 대한 문화적 가치나 사회적 우선순위가 윤리적 고려보다 우세한 경우가 있습니다. 이는 기술 중심의 문화가 형성되어 기술 발전과 관련된 경쟁이 강조되는 경우에 발생할 수 있습니다.

생명 공학 기술은 빠르게 발전하고 있지만, 이에 대한 규제와 감독이 충분하지 않은 경우가 있습니다. 이로 인해 윤리적 고려가 뒷전으로 밀릴 수 있으며, 기술 발전이 우선시되는 경우가 발생할 수 있습니다. 윤리적 고려는 사회, 문화, 종교 등의 다양한 가치관과 이해를 반영해야 합니다. 그러나 이러한 가치관과 이해의 부족으로 인해 기술 발전이 우선시되는 경우가 있을 수 있습니다.

② 윤리적 고려로 인해 기술 발전이 제약을 받을 수 있는가?

윤리적 고려는 연구 및 기술 개발 단계에서 추가적인 제약을 가할 수 있습니다. 특히 인간 실험, 동물 실험, 유전자 조작, 배아 연구 등과 같은 분야에서는 엄격한 윤리적 가이드라인을 준수해야 하기 때문에 연구 및 개발에 제약이 가해질 수 있습니다. 윤리적 고려는 종종 연구 및 개발에 필요한 시간과 비용을 증가시킬 수 있습니다. 추가적인 윤리적 검토, 승인 절차, 규제 준수 등으로 인해 연구 및 개발 프로세스가 더 많은 프로세스가 더 많은 시간과 비용이 필요할 수 있습니다.

윤리적 고려로 인해 특정한 기술이나 응용 분야에 대한 제약이 가해질 수 있습니다. 예를 들어, 인간 유전자 편집 기술의 경우 윤리적인 이유로 특정한 유전자 수정에 대한 제약을 가해질 수 있습니다. 윤리적 고려가 과도하게 강조될 경우 혁신과 창의성을 억제할 수 있습니다. 연구자들이 더욱 보수적인 접근을 택하게 되고, 새로운 아이디어나 기술을 시도하기 어려워질 수 있습니다.

IV 대안 제시

① 기술 발전에 대한 윤리적 고려를 위해 조직 내부에 윤리 위원회를 설립하거나, 윤리 규범을 도입하여 윤리적인 기준을 마련할

수 있습니다.

윤리 위원회나 윤리 규범은 조직 내부에서 윤리적인 행동에 대한 지침을 제공합니다. 이는 연구 및 개발 활동을 수행할 때 연구자들이 개발자들에게 윤리적인 기준을 명확히 알려줌으로써 윤리적 실수나 유감을 방지할 수 있습니다. 또한 연구나 개발 프로젝트의 윤리적인 측면을 검토하고 평가함으로써 윤리적 고려가 높아집니다.

윤리 위원회는 조직 내부의 윤리적인 문제에 대한 해결 과정을 투명하게 만들어, 조직 구성원들이 윤리적 문제에 대한 해결 과정을 신뢰하고 지지할 수 있게 합니다. 더불어 외부 감시 기관이나 이해관계자들과의 협력을 강화할 수 있는데, 이는 조직의 윤리적인 행동을 감시하고 보호하는데 도움이 됩니다.

윤리적 리더십의 강화 측면에서도 조직 문화에 윤리적 가치를 정착시키고 조직 구성원들이 윤리적인 행동을 증진시키는데 도움이 됩니다.

2 전문가와 일반 대중을 대상으로 생명 공학 기술의 윤리적 쟁점에 대한 교육과 인식 제고가 필요합니다.

윤리적 쟁점에 대한 이해를 높이기 위해 전문가가 진행하는 교육 프로그램을 통해서, 과학 기술의 윤리적인 측면을 강화하고, 생명 공학 기술이 사회와 인간에 미치는 영향을 다양한 관점에서 탐구합니다. 또한 교육 교재 및 자료를 개발하여 전문가와 대중에게 제공하여, 윤리적 고민과 대처 방안을 이해하고, 적절한 판단을 내릴 수 있는 능력을 키울 수 있습니다.

전문가와 대중 간의 상호 작용을 촉진하기 위해 토론 및 워크숍을 개최하여, 이를 통해 생명 공학 기술의 윤리적 쟁점에 대한 다양한 의견을 나누고, 공동의 해결책을 모색할 수 있습니다. 또한 소셜 미디어 및 대중 매체를 활용하여, 생명 공학 기술의 윤리적 쟁점에 대한 정보를 보다 쉽게 접근하고, 다양한 시각을 수용할 수 있는 플랫폼을 제공합니다. 더불어 공공 토론 및 시민 참여 프로그램을 개최하여 대중의 의견을 수렴하고, 이를 반영하여 정책 및 규제를 개선하는데 기여합니다.

V 다양한 연관 발표 토론 주제

1 인간 유전자 조작의 윤리적 문제

인간 유전가 조작은 생명 공학 기술 중 가장 논란이 많은 분야 중 하나입니다. 인간 유전자 조작이 인간의 존엄성과 관련이 있는지에 대한 의문이 있습니다.

인간의 유전자를 조작함으로써 인간의 존엄성이 훼손될 수 있다는 우려가 있습니다. 또한 인간 유전자 조작이 유전적 다양성과 평등에 어떤 영향을 미칠지에 대한 문제가 있습니다. 일부 인간의 유전자를 조작하면 그들이 다른 사람들과의 평등한 기회를 가질 수 있는지에 대한 의문이 제기됩니다.

인간 유전자 조작이 유전적 질병을 예방하거나 치료하는데 사용될 수 있는지에 대한 윤리적 고려가 있습니다. 건장한 유전자를 삽입함으로써 유전적 질병을 예방할 수 있는 기술의 사용에는 어떤 윤리적 제약이 있는지가 중요한 문제입니다. 또한 인간 유전가 조작 기술이 임상 응용 및 개인 욕망 충족을 위해 사용될 경우에 대한 윤리적 고려가 있습니다.

이 기술이 유전적 개선이나 우위를 추구하는 목적으로 남용될 수 있는지에 대한 우려가 있습니다.

인간 유전자 조작 기술의 윤리적 사용을 감독하기 위해 윤리 위원회를 설치하고 규제를 도입하는 것이 필요한지에 대한 고려가 있습니다. 이러한 위원회와 규제는 어떻게 구성되어야 하며, 어떤 규범을 준수해야 하는지에 대한 문제가 있습니다.

② 환경 보호와 생명 공학 기술의 관련성

생명 공학 기술은 의학 및 치료 분야에서 혁신적인 해결책을 제공합니다. 유전자 치료, 줄기 세포 치료 등의 기술을 통해 기존 치료법으로 치유하기 어려웠던 질병을 치료할 수 있는 가능성이 있습니다. 또한 식품 생산 및 안전에도 영향을 미치는데, 유전자 조작 식물을 통해 더 많은 양의 농산물을 생산하거나 해충에 대한 내성을 갖는 작물을 개발하는 등의 방법으로 식량 부족 문제를 해결할 수 있습니다. 더불어 환경 보호에도 기여할 수 있는데, 바이오 연료, 바이오 플라스틱 등의 생물학적 자원을 이용하여 환경친화적 제품을 개발하거나 오염 물질을 제거하는 등의 방법으로 환경 문제에 대응할 수 있습니다.

그러나 이러한 기술이 개발되는 과정에서 윤리적 고려가 필요한데, 인간 유전자 조작, 생명체의 개조, 유전자 수정 식품 등의 기술이 도덕적, 윤리적인 측면에서 적절하게 활용되어야 합니다. 또한 사회 및 경제적 영향을 고려해야 하는데, 이 기술을 통해 새로운 산업이 탄생하고 일자리가 창출되는 반면, 기술의 독점적 소유권 문제나 접근성 문제 등이 논란이 될 수 있습니다.

환경 및 지속 가능성

19 저출산 고령화로 인한 인구 문제

I 주요 내용과 주장

■ 저출산과 고령화로 인한 인구 문제의 심각성과 그 원인 분석

인구의 저출산과 고령화는 많은 국가에서 심각한 문제로 인식되고 있는데, 이러한 현상은 인구 구조의 변화로 이어져 사회, 경제, 문화 등 모든 측면에 영향을 미치고 있습니다. 인구 감소는 미래의 생산력과 경제 성장을 위협할 수 있으며, 고령화는 사회 복지 및 의료비 부담을 증가시킵니다.

경제적으로는 고용 환경의 불안정성으로 인한 출산 육아 부담, 부동산 가격 상승으로 인한 주거비 부담 등이 저출산을 촉발합니다. 사회적 요인으로는 결혼 연령의 지연, 이혼율의 증가, 여성의 사회 경제적 활동 증가 등이 출산율 감소의 주요 원인이 됩니다. 문화적 요인으로는 가족 구조의 변화, 인생 설계의 다양화, 여성의 사회적 역할 변화 등이 저출산 및 고령화에 영향을 미칩니다.

2 정부 및 사회의 대응 정책의 필요성과 그 효과에 대한 주장

저출산과 고령화로 인한 인구 구조 변화는 사회 및 경제 전반에 영향을 미치는 구조적인 문제입니다. 이러한 문제에 대하여 정부와 사회의 노력 없이는 인구 구조의 변화로 인한 사회적 및 경제적 문제가 점차 악화될 가능성이 큽니다.

적절한 대응 정책이 마련되면 인구 문제에 대한 대처가 가능하며, 사회적 안정과 경제적 발전을 이룰 수 있습니다. 출산율 증가를 위한 다양한 지원 정책과 고령화 대응을 위한 복지 정책 등이 효과적으로 시행되어야 합니다. 예를 들어 출산 및 양육에 대한 경제적 부담을 줄이기 위한 정책, 노인 복지 시설과 서비스의 확충 등이 필요합니다.

II 토론 발표의 주요 질문과 쟁점

1 저출산과 고령화의 원인은 무엇이며, 이를 해결하기 위한 정책이 필요한 이유는 무엇인가?

고용 불안정성, 부동산 가격 상승 등으로 인한 출산, 육아 부담의 증가가 경제적 요인으로 지적될 수 있습니다. 결혼 연령의 지연, 이혼율 증가, 여성의 사회 경제적 활동 증가 등으로 인한 출산 문화의 변화가 사회적 요인이 될 수 있습니다. 문화적 요인으로는 가족 구조 변화, 이혼율 증가, 여성의 사회 경제적 활동 증가 등으로 인한 출산 문화의 변화 등이 제시될 수 있습니다.

2 현재의 정부 정책이 인구 문제 해결에 충분한가? 그 효과는 어떠한가?

현재의 정부 정책이 충분한지에 대한 평가는 다양한 의견이 존재할 수 있습니다. 현재의 정부 정책이 출산율 증가나 고령화 대응에 효과가 있다고 주장하는 사람들은 출산 장려 정책의 확대나 노인 복지 정책의 개선 등을 언급하고 있습니다.

반대로 출산율 증가를 위한 정책이 실질적인 지원이 아닌 경제적 혜택에 치우치고 있다고 비판하며 인구 문제의 본질적인 측면을 간과하고 있다고 보는 의견을 제시하기도 합니다.

효과에 대해서도 다양한 견해가 존재하는데 일부에서는 정부의 노력이 인구 구조나 사회적 지표에 긍정적인 변화를 가져왔다고 주장하며, 다른 이들은 정책의 효과가 미미하거나 제대로 측정되지 않고 있다고 지적합니다.

III 반론 제기

1 일부 의견에 따르면 저출산과 고령화는 자연스러운 사회 변화이며, 정부의 개입이 필요하지 않다는 주장이 있습니다. 이에 대한 반론은 무엇인가요?

출산율 감소로 노동력 인구가 감소하고, 고령화로 인한 사회적 부담이 증가하면 경제적, 사회적 안정성에 부정적인 영향을 미칠 수 있습니다. 또한 저출산과 고령화는 사회 구조와 경제에 큰 영향을 미칩니다.

인구 감소는 소비와 투자에도 영향을 미치며, 고령화는 사회적 지출 증가 및 노동력 감소를 초래할 수 있기에, 이러한 변화에 대응하기 위해 정부의 개입과 대책 마련이 필요합니다.

출산율 증가를 위한 지원 및 노인 복지 정책 등은 정부의 역할이 필요합니다. 또한 사회적 가치관의 변화나 경제적 요인 등 다양한 원인으로 인해 자연스러운 사회 변화라고 할 수 없습니다. 따라서 정부의 개입과 적절한 대책 마련이 필요합니다.

2 일부 사람들은 인구 감소가 경제적 성장에 부정적인 영향을 미칠 것이라고 주장한다. 이에 대한 반론은 무엇인가요?

인구 감소로 인한 노동력 감소가 초기에는 경제적 성장에 일시적인 부정적 영향을 미칠 수 있지만, 장기적으로는 노동력 시장의 유연성을 촉진할 수 있습니다. 더 많은 고용 기회가 열리고 노동 시장이 유연해 짐에 따라 산업 혁신과 기술 발전이 촉진될 수 있습니다.

인구 감소로 인한 노동력 감소는 노동 생산성을 높이는 기술 혁신을 촉진할 수 있으며, 이는 경제적 성장을 지속적으로 유지할 수 있는 기반을 마련할 수 있습니다. 또한 인구 감소는 자원 사용량을 줄이고 친환경적인 소비와 생산을 촉진할 수 있습니다. 따라서 인구 감소가 경제적 성장에 부정적인 영향을 미칠 것이라는 수장은 단순화된 시각일 수 있습니다.

IV 대안 제시

1 저출산 및 고령화 대응을 위해 어떠한 정책적 대안이 필요한 가?

출산율 증가를 돕기 위해 육아 휴직 제도의 확대, 육아 시설 확충, 교육비 지원 등의 정책적 지원이 필요합니다. 또한 노인 복지 시설과 의료 서비스를 확대하고 개선하여, 노인들의 삶의 질을 높이고 건강한 노후를 보장하는 정책이 필요합니다.

노후 준비를 돕기 위해 연금 제도의 강화와 퇴직 연금 제도의 보완, 노후 자산 형성을 돕는 세제 혜택들의 재정 지원이 필요합니다. 또한 노동 시장의 유연성을 높이고 고령 인구의 노동 참여를 촉진하는 정책이 필요합니다.

2 사회적 가치관의 변화와 문화적 인식 개선이 저출산 및 고령화 문제 해결에 어떠한 역할을 할 수 있는가?

사회적으로 출산을 긍정적으로 인식하고 가족을 형성하는 것을 장려하는 가치관은 출산율을 증가시킬 수 있습니다. 다양한 가족 모델을 수용하고 인정하는 사회적인 분위기가 형성되어야 합니다.

여성이 직업과 가정을 조화시키고 일과 가정을 균형 있게 유지할 수 있도록 지원함으로써 출산을 늦추는 경향을 완화할 수 있습니다. 더불어 출산 후의 육아 휴직, 보육 시설 지원, 유아 교육비 지원 등의 제도를 통해 출산과 육아에 대한 부담을 줄일 수 있습니다. 노인들이 사회적으로 활발하게 참여할 수 있는 환경을 조성하는 것도 고령화가 사회적으로 긍정적인 요소로 인식될 수 있습니다.

V 다양한 연관 발표 토론 주제

1 경제적인 측면에서의 저출산과 고령화 문제

저출산으로 미래에 노동력 인구가 감소하면서 생산성에 부정적인 영향을 미칠 수 있습니다. 노동력 부족으로 인해 기술 혁신과 경제 성장이 저해될 수 있습니다. 고령화로 인해 노인 인구가 증가함에 따라 노인 복지와 의료 서비스에 대한 지출이 증가하면서 재정 부담이 늘어날 수 있습니다.

저출산과 고령화는 사회적 복지 지출에 대한 높은 부담을 초래하면서 젊은 세대와의 갈등을 초래할 수 있습니다. 경제적 측면에서 재정 부담과 노동력 부족으로 인해 사회적 불안과 불평등이 증가할 수 있기에, 극복해야 할 중요한 도전으로 인식되며, 적극적으로 대응해야 할 과제로 간주되고 있습니다.

2 사회 복지와 교육 체제의 변화가 인구 구조 변화에 미치는 영향

사회 복지 제도의 확대와 개선은 저출산과 고령화로 인한 사회적 문제에 대응하는데, 중요한 역할을 합니다. 교육 체제도 저출산으로 인한 인구 감소로 인한 학생 수 감소에 대비하여 교육 자금 배분과 교육 시스템을 재조정할 필요가 있습니다.

사회 복지와 교육 체제의 변화를 통해 사회적 안전망이 강화되면, 개인들이 출산과 육아를 더욱 안정적으로 결정할 수 있게 됩니다. 그래서 저출산 문제를 완화하고 출산율을 증가시키는데 도움이 됩니다.

고령화에 따른 노인 인구 증가에 대비하여, 노인들을 위한 교육과 활동 프로그램을 제공하여 노인들이 사회적으로 활발하게 참여할 수 있도록 지원해야 합니다. 이와 더불어 저출산과 고령화 문제에 대응하기 위해, 출산 전, 출산 후, 고령기의 인생의 다양한 단계에서의 교육과 지원이 포함되어야 합니다.

인터넷 개인 정보 보호와 디지털 프라이버시

I 주요 내용과 주장

정부에 요구되는 역할은 개인 정보 보호를 위한 법률 및 규정을 제정하고 시행해야 합니다. 또한 개인 정보 보호를 감시하고 규제하기 위한 기구를 마련하여, 이를 통해 기업이 법규를 준수하도록 감독하고, 위반 시 엄벌을 가할 수 있습니다. 이뿐 아니라 산업군별로 적합한 보안 표준을 설정하여 기업들이 개인 정보를 안전하게 보호할 수 있도록 지원할 필요가 있습니다.

기업은 개인 정보를 적법하게 수집하고 관리하기 위한 내부 규정 및 시스템을 구축하여 정보 유출 및 침해 사고를 방지하고, 개인 정보 수집 및 이용 목적을 명확하게 공개하고, 이에 대한 동의를 얻는 등 정보 수집 및 처리 과정을 투명하게 전달해야 합니다.

데이터 암호, 접근 제어, 보안 감사 등 다양한 수준의 보안 조치를 취하여 개인 정보를 보호해야 하며, 사용자들에게 개인 정보 보호에 대한 중요성을 교육하고, 개인 정보를 안전하게 관리할 수 있는 방법을 제공해야 합니다.

이러한 조치를 취함으로써 개인 정보 보호를 강화할 수 있고, 이는 사용자들의 신뢰를 유지하고, 디지털 환경에서 안전하게 활동할 수 있는 기반을 마련할 수 있습니다.

II 토론 발표의 주요 질문과 쟁점

1 개인 정보 수집과 이용은 편리한 서비스 제공을 위해 필요하지만, 이는 개인의 프라이버시 침해 우려를 불러일으킬 수 있다. 이에 대한 균형을 어떻게 유지할 것인가요?

사용자의 프라이버시를 보호하는 것은 매우 중요한데, 개인 정보는 민감한 정보를 포함하고 있으며, 이를 보호하지 않으면 사용자의 신뢰를 상실하고 사생활 침해의 우려가 증가할 수 있습니다. 이 두 가지 요소 간의 균형을 유지하는 것이 중요한데, 이를 위해 다음과 같은 접근 방식이 필요합니다.

- 투명성: 기업은 개인 정보 수집 및 이용 목적을 명확하게 공개해야 하고, 사용자는 자신의 정보가 어떻게 수집되고 사용되는지 인식할 수 있어야 합니다.
- 동의: 개인 정보를 수집하기 전에 사용자의 동의를 얻어야 하는데, 동의는 자율적이고 명시적이어야 하며, 언제든지 철회할 수 있는 권리가 있어야 합니다.

- 적정성: 수집된 개인 정보는 수집 목적에 적합하고 필요한 범위 내에서만 사용되어야 하고, 필요 이상의 정보 수집은 피해야 합니다.

- 보안: 수집된 개인 정보는 적절한 보안 수준으로 보호되어야 하며, 암호 및 기타 보안 조치를 통해 정보 유출 및 해킹으로부터 보호되어야 합니다.

개인 정보 보호와 관련된 국내외 법규 및 규제를 준수함으로써 사용자의 권리와 개인 보호를 보호할 수 있으며, 사용자는 자신의 개인 정보를 보호하는 방법과 권리를 인식해야 합니다.

III 반론 제기

1 일부 사람들은 개인 정보 보호와 디지털 프라이버시가 과도하게 강조되어 편리한 인터넷 서비스의 제공이 제약되는 것이 문제라고 주장합니다.

이에 대한 반론은 개인의 기본적인 권리이며, 편리함과 보안 사이에 균형을 유지해야 한다는 것입니다. 또한 편리함과 보안은 상호 보완적인 요소로 편리한 서비스를 이용하면서도 개인 정보 보호에 충실할 수 있습니다. 예를 들어, 안전한 비밀번호를 사용하거나 이중 인증을 활용하여 개인 정보를 보호할 수 있습니다. 더 나아가 기술적으로 발전된 보안 시스템을 도입하여 개인 정보가 안전하게 보호될 수 있도록 노력할 필요가 있습니다.

따라서 개인 정보 보호와 편의성 간의 균형을 유지하는 것이 중요합니다. 이는 개인의 권리와 안전을 존중하면서도 현대 사회에서 필요한 디지털 서비스를 효과적으로 이용할 수 있는 방법입니다. 그리고 이러한 균형은 정부, 기업 및 개인 간의 협력을 통해서 실현되어야 합니다.

IV 대안 제시

1 정부와 기업은 개인 정보 보호에 대한 책임을 다해야 하며, 개인 정보 수집 및 이용에 대한 투명성을 제공해야 한다. 또는 개인 정보 보호 교육의 강화와 보안 기술의 개발을 통해 보다 안전한 디지털 환경을 조성해야 합니다.

개인 정보 보호를 위해 교육을 강화하여 개인들은 자신의 정보를 어떻게 보호해야 하는지를 알고, 온라인 상황에서의 위험을 인식할 수 있어야 개인들이 보다 주체적으로 자신의 개인 정보를 관리할 수 있게 됩니다.

기술의 발전으로 인해 새로운 보안 위협이 발생하고 있기 때문에, 강력한 보안 기술을 개발하여 개인 정보를 안전하게 보호하는 것은 디지털 환경을 보다 안전하고 신뢰할 수 있는 곳으로 만드는 데 중요한 역할을 합니다.

V 다양한 연관 발표 토론 주제

1 빅 데이터와 개인 정보 보호

빅 데이터는 대량의 데이터를 활용하여 혁신적인 서비스 및 인 사이트를 제공할 수 있지만, 많은 양의 정보가 필요한데 어떻게 개인 정보 보호를 보장하면서도 빅 데이터의 잠재력을 최대한 활 용할 수 있을지에 대한 토론이 필요합니다.

빅 데이터를 활용할 때 개인 정보를 식별할 수 없는 형태로 변 화하는 익명화가 주요 고려 사항인데, 익명화된 데이터도 재식별 화가 가능한 경우가 있어, 이에 대한 적절한 대응 방안을 토론해 야 합니다.

법과 제도의 엄격한 시행이 빅 데이터를 활용하기 위한 개인 정 보 보호를 강화하기 위해서 필요한데, 개인 정보 보호법의 개정 및 추가적인 규제를 통해 빅 데이터 사용의 투명성과 책임을 강조 하는 것이 중요합니다.

더불어 빅 데이터를 활용하는 기업과 조직은 암호와 기술, 접 근 제어 시스템 등을 통해 기술적 보완책을 강구하여 개인 정보 보호를 강화해야 합니다.

2 사이버 범죄와 개인 정보 보호

사이버 범죄는 인터넷을 통해 수행되는 범죄 행위로, 개인 정 보 유출은 그중 하나로 심각한 문제입니다. 사이버 범죄에 대응하는 효과적인 대책이 필요한데, 이는 보안 시스템의 강화뿐만 아니라, 법과 제도의 엄격한 시행, 그리고 개인들의 보안 인식과 교육을 통한 예방이 필요합니다.

사이버 범죄로 인한 경제적 손실은 상당히 커질 수 있는데, 개인의 금융 정보나 기업의 기밀 정보가 유출되면 그에 따른 피해는 더 커질 수 있기에 이에 대한 조치와 대응 전략이 필요합니다.

사이버 범죄는 국경을 넘어 활동하는 경우가 많기 때문에, 국가 간 정보 교류와 범죄자의 추적, 그리고 법적 제재에 대한 국제적 협력이 이루어져야 효과적으로 사이버 범죄를 대응할 수 있습니다.

21 기후 변화와 경제의 상호 작용

I 주요 내용과 주장

기후 변화는 지구상의 모든 산업과 경제 활동에 영향을 미칩니다. 이는 자연재해의 증가, 농작물 수확량의 변동, 에너지 공급에 대한 도전 등으로 나타납니다. 기후 변화는 경제에 부정적인 영향을 끼치며, 이를 극복하기 위해서는 지속 가능한 개발과 기후 변화 대응을 위한 투자가 필요합니다.

II 토론 발표의 주요 질문과 쟁점

■ 기후 변화가 경제에 미치는 영향은 무엇인가?

기후 변화로 인한 자연재해, 기후 패턴 변화 등은 경제에 부담을 주고, 이로 인한 재난 발생은 생산성 감소, 재산 피해, 보험 비용 증가 등을 초래할 수 있습니다. 화석 연료 사용은 대기 중 이산화탄소 배출을 증가시키는 가장 큰 요인 중 하나로, 이로 인해 온실가스 농도가 증가하고 지구 온난화가 가속화됩니다.

에너지 정책은 태양광, 풍력 등의 신재생 에너지 산업을 촉진하여 에너지 안정성을 향상시키고 동시에 온실가스 배출을 줄이는 효과가 있습니다. 이와 같은 기후 변화 대응은 에너지 효율 증대, 친환경 기술 개발 보급, 녹색 경제의 산업 확대 등 새로운 산업 분야를 개척하고 일자리를 창출할 수 있습니다.

2 경제는 어떻게 기후 변화에 대응해야 하는가?

경제는 기후 변화에 대응하기 위해 친환경 기술 개발 및 보급, 신재생 에너지 산업 지원 등에 투자하여 기술 혁신을 촉진하고, 이를 통해 기후 변화에 대비할 수 있는 새로운 솔루션을 창출해야 합니다. 온실가스 감축 목표 설정, 배출 허가 규제, 친환경 산업 육성 등의 정책을 통해 시장 메커니즘을 활용하여 기후 변화를 제어하고 지속 가능한 경제 성장을 이끌어야 합니다.

더불어 기후 변화의 부정적인 영향을 완화하고 회복하기 위한 능력을 강화해야 하는데, 그 예로서 인프라 개선, 보험 시스템 강화, 재난 대응 능력 강화 등의 예를 들 수 있습니다. 그 외에도 국제기구와의 협력을 통해 온실가스 감축을 위한 다자간 협상을 강화하고, 개도국 지원을 통해 기후 변화의 영향을 가장 크게 받는 지역들을 지원해야 합니다.

기후 변화의 경제적 영향과 대응 방안에 대한 연구를 지원하고, 공공 교육을 통한 시민들의 인식을 높이는 것도 중요한 과제입니다.

3 경제적 발전과 환경 보호 사이에는 어떻게 균형을 유지할 수 있는가?

경제적 발전과 환경 보호는 지속 가능한 개발의 핵심 요소로, 친환경 기술의 개발과 보급을 통해 경제적 성장과 동시에 환경 보호를 실현할 수 있습니다. 경제적 발전을 위해 자원을 효율적으로 이용하는 것이 중요한데, 자원의 낭비를 최소화하고 재활용을 촉진하여 자원 소비의 부담을 줄이면서 환경을 보호할 수 있습니다.

정부와 국제기구는 환경 파괴를 방지하고 친환경 산업을 육성하기 위한 장치를 마련하여 경제적 발전과 환경 보호를 균형 있게 유지할 수 있습니다.

또한 환경 문제는 국가적이거나 지역적인 문제가 아닌 전 세계적인 문제이기에, 국제적인 협력과 연대를 통해 경제적 발전과 환경 보호를 동시에 추구하는 길을 모색해야 합니다.

4 경제적 발전과 기후 변화 대응 사이에는 어떤 상충 관계가 있는가?

경제적 발전은 에너지 수요 증가와 함께 화석 연료 사용량을 증가시키고, 이로 인해 온실가스 배출량이 증가하고 기후 변화를 가속화시킬 수 있습니다. 또한 산업 생산과 인프라 구축이 자연 환경의 파괴와 생태계의 변화를 초래할 수 있는데, 이는 기후 변화를 더욱 악화시킬 수 있습니다.

경제적 발전은 자원 소비를 증가시키고, 이로 인해 자원 고갈과 환경 파괴를 초래할 수 있습니다. 특정 지역이나 산업이 과도한 자원 소비와 환경 파괴로 인해 다른 지역이나 산업에 부정적인 영향을 미칠 수 있습니다.

경제적 이해관계와 환경 보호 우선순위 간의 충돌이 발생할 수 있음도 간과할 수 없습니다. 그래서 기업이 경제적 이익을 추구하면서 환경 보호를 등한시하거나 정부가 경제 발전을 우선시하여 환경 규제를 약화시키는 등의 현상이 발생할 수 있는 것도 주시해야 합니다.

III 반론 제기

1 경제적 발전은 기후 변화를 가속화시키는 요인 중 하나일 수 있으며, 환경 보호를 위한 노력은 경제적 성장을 저해할 수 있습니다.

경제적 발전은 화석 연료의 사용량을 늘이고, 이로 인해 온실가스 배출량이 증가할 수 있습니다. 따라서 경제적 발전은 기후 변화를 가속화시킬 수 있는 요인 중 하나입니다. 일부 경제 활동은 자연 환경을 파괴하거나 오염시키는 경향이 있습니다. 이러한 활동은 단기적으로는 경제적 이익을 가져오지만, 장기적으로는 환경 파괴로 인해 경제에 부정적인 영향을 미칠 수 있습니다.

반면에 환경 보호는 새로운 경제적 기회를 제공할 수 있습니다. 신재생 에너지 산업, 친환경 기술 제품의 개발, 생물 다양성 보전

등은 새로운 시장을 창출하고 일자리를 만들 수 있습니다. 또한 기후 변화 대응을 위한 투자는 장기적으로 경제의 안정성과 지속 가능성을 높일 수 있습니다.

경제적 성장과 환경 보호를 상반되는 것으로 여기는 것은 오래된 사고방식입니다. 현대적인 경제 모델은 지속 가능한 발전을 중시하고, 경제적 발전과 환경 보호를 조화시키는 방안을 모색하여, 기후 변화에 대한 대응과 경제적 성장을 모두 달성할 수 있는 가능성을 제시하고 있습니다.

IV 대안 제시

1 지속 가능한 경제 모델의 채택을 통하여 경제적 발전과 기후 변화 대응을 조화시킬 수 있습니다. 또한 친환경 기술 개발과 환경 보호에 대한 투자를 촉진하여 경제와 환경이 상호 보완적으로 발전할 수 있도록 노력해야 합니다.

기후 변화와의 싸움에서 지속 가능한 경제 모델은 자연 자원 소비를 최소화하고, 에너지 효율성을 증대시키며, 친환경 산업을 육성하여 기후 변화에 대응하는데 필요한 기반을 마련합니다. 친환경 기술은 기후 변화에 대응하고 환경을 보호하는데, 필수적으로 에너지 생산과 사용, 산업 활동, 교통 등의 영역에서 온실가스 배출을 줄일 수 있습니다.

환경 보호에 대한 투자는 경제적 이익과 환경적 이익을 모두 가

167

져올 수 있는 중요한 요소로, 생태계 보전, 산림 관리, 오염 제어 및 친환경 인프라 구축을 통해 자연환경을 보호하고 환경 문제를 해결할 수 있습니다.

이러한 투자는 장기적으로 환경 파괴로 인한 경제적 손실을 방지하고, 사회적 안전과 안정성을 강화할 수 있습니다.

V 다양한 연관 발표 토론 주제

1 에너지 정책과 기후 변화

화석 연료에 의존하는 전통적인 에너지 생산 방식 대신 신재생 에너지를 활용하는 것이 중요합니다. 풍력, 태양광, 수력 등의 신재생 에너지는 온실가스 배출을 크게 줄일 수 있으며, 에너지의 지속 가능한 공급을 보장합니다.

에너지 효율을 높이는 것은 기후 변화 대응의 핵심입니다. 건물, 교통, 산업 등 각 분야에서 에너지 사용을 줄이고 효율적으로 활용하는 노력이 필요합니다. 이를 통해 에너지 소비량을 감소시키고 온실가스 배출을 줄일 수 있습니다.

온실가스 배출에 대한 정부의 규제와 통제는 기업과 개인의 행동을 유도하고, 친환경적인 선택을 장려합니다. 기술 혁신을 통해 기후 변화 대응이 가능한데, 탄소 포집 기술, 친환경 교통수단, 에너지 저장 기술 등의 혁신적 기술을 개발하고 보급함으로써 기후 변화에 대한 대응을 강화할 수 있습니다.

2 기업의 사회적 책임과 기후 변화

기후 변화는 자연재해와 농업, 해양 산업, 인프라 등 다양한 경제 분야에 손실을 증가시킵니다. 기후 변화 대응을 위한 새로운 기술 및 산업이 부상하고 있으며 이는 경제적 기회를 제공할 수 있습니다. 신재생 에너지, 에너지 효율 증대, 환경 기술 등이 그 예가 될 수 있습니다. 그러나 기후 변화로 인한 손실은 경제에 부정적인 영향을 미칠 영향성이 더 크며, 장기적으로 경제 성장을 제약할 수 있습니다.

기업은 자연적 자원을 이용하고 생산 활동을 통해 기후 변화에 직간접적인 영향을 미치기에, 기업의 사회적 책임에는 환경 보호와 기후 변화 대응이 중요한 부분을 차지합니다. 많은 기업이 이를 감안하여 친환경적인 생산 방법과 지속 가능한 비즈니스 모델을 추구하는 것은, 기후 변화에 대응하고 동시에 경제적 가치를 창출하는데 도움이 됩니다.

더불어, 기업이 환경에 대한 책임을 다하면서 동시에 소비자들로부터 긍정적인 이미지와 지지를 얻을 수 있는데, 이는 기업의 브랜드 가치와 장기적인 성장에 긍정적인 영향을 미칩니다.

22 대체 에너지와 환경 보존
: 경제성과 지속 가능성의 균형

I 주요 내용과 주장

대체 에너지의 활용은 환경 보존에 기여하면서도 경제적 이익을 가져다 줄 수 있습니다. 태양광, 풍력, 수력 등의 대체 에너지원은 화석 연료에 비해 친환경적이며, 잠재적으로 무한한 자원으로써 경제성과 지속 가능성의 균형을 제공할 수 있습니다.

II 토론 발표의 주요 질문과 쟁점

1 대체 에너지의 활용은 어떻게 경제적 이익을 창출하며 환경을 보호할 수 있는가?

대체 에너지 산업의 성장은 새로운 경제 활동을 촉진하고 산업 혁신을 도모합니다. 태양광 및 풍력 발전 등 대체 에너지 기술의 보급은 관련 산업에 새로운 일자리를 창출하고 근로자들의 수입을 증가시킵니다. 또한 에너지 수입 의존도를 낮추고 국내 에너지 자원을 활용함으로써 경제적 안정성을 증진시킵니다.

화석 연료에 비해 대체 에너지는 대기 오염 및 온실가스 배출을 줄여 환경을 보호합니다. 이로써 기후 변화와 관련된 문제를 완화하고 생태계를 보존할 수 있습니다. 또한 자연 자원 소모를 감소시키고 생물 다양성을 보호함으로써 지속 가능한 발전을 유지하는데 기여합니다.

대체 에너지의 활용은 경제적 성장과 환경 보호가 상호 보완적이라는 사실을 강조합니다. 경제적 이익을 추구하면서도 환경을 보호하는 것은 미래 세대의 번영과 지구의 지속 가능성을 보장하는데 필수적입니다. 따라서 대체 에너지의 적극적인 도입과 지원은 경제성과 지속 가능성 사이의 균형을 유지하는데 중요한 역할을 합니다.

2 대체 에너지 산업의 발전은 어떻게 현재의 에너지 시장과 경제 구조를 변화시키는가?

대체 에너지 산업의 발전은 전통적인 화석 연료에 의존하는 에너지 시장을 변화시킵니다. 태양광, 풍력, 수력 등 대체 에너지의 증가는 에너지 공급 구조를 분산화하고 다양화시키는 효과를 가져옵니다. 이러한 변화는 에너지 시장의 경쟁력을 증가시키고 에너지 공급 안정성을 향상시킬 수 있습니다.

새로운 에너지 산업이 성상하면서 새로운 산입 클러스터가 형성되고 관련 산업 간의 연결이 강화되는 등 대체 에너지 산업의 성장은 경제 구조를 변화시킵니다. 이는 새로운 일자리 창출과 기술 혁신을 촉진하여 경제의 다양성을 증가시키고 에너지 절약과 효율성 증대를 통해 경제적 이익을 창출할 수 있습니다.

대체 에너지 산업의 성장은 기존 화석 연료 산업에 영향을 미쳐, 화석 연료 기업들은 새로운 경쟁 환경에 적응해야 하며, 에너지 전환에 대한 적극적인 대응이 필요합니다. 또한 환경 보호와 관련된 규제와 정책의 강화를 유도하여, 기존 에너지 산업에 대한 변화와 함께 산업 구조의 조정을 촉진할 수 있습니다.

3 대체 에너지 산업의 성장은 환경 보호를 위한 정책과 규제와 어떻게 조화될 수 있는가?

대체 에너지 산업의 성장을 지원하기 위해 정부는 환경 보호를 위한 정책과 규제를 강화할 필요가 있습니다. 이러한 정책은 친환경 에너지 생산과 이용을 촉진하고, 화석 연료 사용을 줄이는 방향으로 조화될 수 있습니다. 예를 들어, 재생 에너지 생산을 확대하기 위한 보조금 지원, 친환경 기술 개발을 위한 연구 개발 투자 등이 환경 보호 정책과 결합될 수 있습니다.

대체 에너지 산업은 지속 가능한 발전을 위해 기술 혁신을 요구하는데, 정부는 친환경 기술 개발을 촉진하고 이를 적용하는데 필요한 인프라 구축을 지원하여 기술적으로 발전 가능한 대체 에너지 옵션을 확대할 수 있습니다. 이러한 노력은 환경 보호 정책과 함께 경제적 이익을 창출할 수 있는 새로운 산업을 육성하고,

지속 가능한 경제성과 환경 보호의 균형을 유지할 수 있도록 돕습니다.

시장 메커니즘을 활용하여 친환경 에너지에 대한 수요를 증가시키고, 경제적 이익과 환경 보호의 목표를 조화시킬 수 있습니다. 탄소 가격 설정, 친환경 에너지에 대한 장려금과 보조금 지원 등의 시장 기반 정책을 통해 환경 보호와 경제 성장을 동시에 달성할 수 있습니다.

III 반론 제기

■ 대체 에너지 기술의 초기 투자 비용은 높고, 인프라 구축에 시간과 자원이 소요됩니다.

대체 에너지 기술의 초기 투자 비용은 종종 화석 연료와 비교할 때 더 높을 수 있습니다. 이러한 비용 부담은 기술 개발, 설비 구축, 그리고 인프라 구축 등의 과정에서 발생할 수 있습니다. 또한 새로운 에너지 인프라를 구축하는데에는 시간과 자원이 필요하며, 이는 대규모 에너지 시스템의 전환에 필요한 공공 및 시설 자금 투입을 의미합니다.

새로운 대체 에너지 기술은 초기에 기술적인 불확실성과 실패 위험이 존재합니다. 또한 대체 에너지 기술의 초기 단계에서는 실제적인 효과와 경제성이 검증되지 않은 경우가 많아, 투자에 따른 리스크가 상당히 높을 수 있습니다.

마지막으로 대체 에너지 시스템의 구축은 기존의 화석 연료 시설 및 에너지 경제 구조와의 호환성 문제를 야기할 수 있습니다. 예를 들어, 기존의 석탄 발전소나 석유 시설을 대체 에너지 시스템으로 전환하는 것은 기술적, 경제적으로 어려움이 있을 수 있습니다.

2 화석 연료 산업의 이해관계자들은 대체 에너지의 발전을 저해하고, 이에 대응해야 합니다.

이해관계자들은 기존의 에너지 시장에서의 지위를 유지하려고 하기에, 대체 에너지의 발전은 그들의 이익을 감소시킬 수 있으며, 이에 반발할 가능성이 있습니다. 화석 연료 산업의 변화는 해당 산업 지역의 경제에 큰 충격을 줄 수 있기에, 고용 문제가 발생할 수 있으며, 이는 해당 지역의 정치적 압력을 초래할 수 있습니다.

마지막으로 화석 연료 산업은 대체 에너지 기술의 발전을 저해하는 노력을 기울 일 수 있습니다. 이들은 새로운 기술의 개발이나 시장 진입을 방해하여, 기술 혁신을 억누르려 할 수 있습니다.

IV 대안 제시

1 정부와 기업은 대체 에너지 기술 연구 및 개발을 지원하고, 투자 환경을 개선해야 합니다.

정부와 기업의 대체 에너지 기술 연구 및 개발의 지원은 새로운 기술의 발전과 혁신을 촉진하고, 환경에 친화적인 에너지 솔루션을 찾을 수 있습니다. 대체 에너지 산업에 투자하는데 필요한 투자 환경을 개선하기 위해 정보는 세제 혜택, 보조금, 그리고 연구 및 개발에 대한 장기적인 투자를 유도해야 합니다. 기업들은 대체 에너지 기술에 투자할 때 장기적인 비전과 수익성을 고려해야 합니다.

마지막으로 정부는 혁신적인 정책을 제안하여 대체에너지 기술의 개발과 보급을 촉진하고, 이를 통해 기존의 화석 연료 사용을 대체하는 것을 목표로 할 수 있습니다. 또한 정부의 정책이 기업의 투자를 유도하고, 대체 에너지 산업의 성장을 촉진할 수 있도록 해야 합니다.

2 정책적 지원을 통해 대체 에너지 시장을 확대하고, 새로운 일자리 창출과 경제 성장을 촉진할 수 있습니다.

정부는 대체 에너지 산업을 적극적으로 지원하여 시장을 확대하기 위해, 세제 혜택, 보조금, 그리고 연구 개발 자금을 지원하여 대체 에너지 기술의 연구와 개발을 촉진할 수 있습니다.

대체 에너지 시장의 확대는 새로운 일자리를 창출할 수 있는 기회를 제공합니다. 대체 에너지 산업은 고용의 다양한 영역에서 일자리를 창출할 수 있으며, 이는 경제적으로도 긍정적인 영향을 미칠 수 있습니다.

대체 에너지 시장의 성장은 경제의 다양한 부문에 긍정적인 영향을 미칠 것으로 예상됩니다. 새로운 산업의 발전은 기업의 경쟁력을 증대시키고, 경제 성장을 촉진할 수 있습니다. 또한 에너지 비용의 절감과 에너지 안정성을 향상시켜 국가 전체의 경제적 안정성을 높일 수 있습니다.

마지막으로 대체 에너지의 사용은 환경을 보호하고 지속 가능한 발전을 촉진할 수 있는 중요한 요소입니다. 화석 연료 대신 대체 에너지를 사용함으로써 온실가스 배출을 줄이고 대기 오염을 감소시킬 수 있습니다.

3 교육과 홍보를 통해 대중의 환경 의식을 높이고, 대체 에너지에 대한 긍정적인 인식을 조성해야 합니다.

교육과 홍보를 통해 환경 보존의 중요성을 강조하여 대중의 환경 의식을 높여야 합니다.

대체 에너지의 장점과 기술적 발전에 대한 정보를 대중에게 전달하고 교육 프로그램을 개최하여 대중에게 대체 에너지의 중요성을 보다 잘 이해할 수 있도록 해야 합니다.

성공적인 대체 에너지 프로젝트 및 기술 혁신 사례를 공유함으로써 대중의 관심을 유도하고 긍정적인 인식을 형성해야 합니다. 이를 통해 대중은 대체 에너지가 환경과 경제에 미치는 긍정적인 영향을 명확히 이해할 수 있습니다.

대체 에너지 사용을 촉진하기 위해 정부는 세제 혜택이나 보조금과 같은 인센티브를 제공하여, 대중이 대체 에너지 기술을 도입하는 것을 유도하고 경제적 장벽을 줄여줍니다. 또한 지역 사회 및 기업과의 협력을 통해 대체 에너지 프로젝트를 추진하고 대중의 참여를 유도하는 것도 지역 경제 발전과 지속 가능한 에너지 전환에 기여할 수 있습니다.

V　다양한 연관 발표 토론 주제

1 기후 변화와 대체 에너지: 대체 에너지의 활용이 기후 변화에 어떻게 영향을 미치는가?

대체 에너지의 활용은 화석 연료 사용량을 줄이고 온실가스 배출을 감축하는데 도움이 되므로, 기후 변화를 완화하는데 도움이 됩니다. 대체 에너지는 환경 파괴를 최소화하면서 에너지를 공급할 수 있으며, 이는 생태계를 보존하고 생물 다양성을 유지하는데 중요한 역할을 합니다.

대체 에너지 산업의 성장은 새로운 일자리를 창출하고 경제적 활동을 촉진할 수 있기에 지역 사회와 국가 전체의 경제 성장에 긍정적인 영향을 미칩니다. 더불어 기술 혁신을 촉진하고 국제적인 협력을 강화하는데 기여할 수 있습니다. 결과적으로 다양한 국가 간의 기술 공유와 협력을 통해 대체 에너지 기술의 발전을 가속화할 수 있습니다.

2 정책과 규제: 대체 에너지 산업의 성장을 지원하기 위한 정부 정

책의 역할은 무엇인가?

정부는 대체 에너지 산업의 성장을 촉진하기 위해 보조금 및 장려금을 제공할 수 있습니다. 이를 통해 기술 연구 및 개발을 지원하고 대체 에너지 기술의 상용화를 촉진할 수 있습니다. 세제 혜택이나 감면을 통해 대체 에너지 산업을 확대할 수도 있는데, 예를 들어 태양광 및 풍력 발전에 대한 세제 혜택은 투자를 촉진하고 대체 에너지 시장을 지원할 수 있습니다.

또한 대체 에너지 산업을 지원하기 위해 적절한 규제 및 표준을 도입하여, 산업의 안정성과 신뢰성을 높일 수 있으며, 시장에 진입하는 기업들의 부담을 줄일 수 있습니다. 특히 대체 에너지 기술의 연구 및 개발을 지원하는 것이 중요한데, 정부는 이러한 연구 및 개발 활동에 자금을 지원하고 혁신적인 기술의 상용화를 촉진할 수 있습니다.

정부는 대체 에너지 산업의 시장 확대를 위해 전력구매협약(PPA) 및 재생 에너지 인센티브 프로그램 등을 도입할 수 있습니다. 이를 통해 대체 에너지 발전량을 증가시키고 그에 따른 투자를 유도할 수 있습니다.

3 기술 혁신과 경제 성장: 대체 에너지 기술 혁신이 경제 성장을 촉진하는 방법은 무엇인가?

대체 에너지 기술의 혁신은 새로운 시장을 창출할 수 있는데, 이를 통해 경제적 활동과 일자리 창출을 촉진할 수 있습니다. 대체 에너지 기술의 혁신은 투자를 유도하고 기업의 경쟁력을 강화하여 새로운 시장을 개척할 수 있습니다.

대체 에너지 기술의 혁신은 비용을 절감하고 에너지 생산의 효율성을 향상시킬 수 있습니다. 또한 환경 오염을 줄이고 자연 자원을 보존할 수 있으며, 이는 장기적인 경제 성장을 지원할 수 있습니다.

대체 에너지 기술의 혁신은 혁신적인 생태계를 육성할 수 있는데, 다양한 산업 부문 간의 협력을 촉진하고 창의적인 아이디어와 기술 전파를 촉발할 수 있습니다.

23 경제적 격차와 사회적 안전망
: 사회 복지 정책의 역할과 한계

Ⅰ 주요 내용과 주장

현대 사회에서 경제적 격차는 심각한 사회 문제로 인식되고 있는데, 사회 복지 정책은 사회의 취약 계층을 보호하고 사회 안전망을 유지하는데 중요한 역할을 합니다. 사회 복지 정책은 경제적 격차를 완전히 해소하거나 사회적 문제를 완벽히 해결할 수는 없으면 한계가 존재하는 것도 사실입니다.

사회 복지 정책은 경제적 격차를 완화하고 취약 계층을 지원하여 사회적 안전망을 유지하는데 중요한 역할을 합니다. 그러나 사회 복지 정책의 한계도 인정할 필요가 있는데, 이는 제한된 자원과 복잡한 사회 문제로 인해 발생하며, 정책의 효과적인 실행과 지속 가능한 재원 확보를 필요로 합니다.

Ⅱ 토론 발표의 주요 질문과 쟁점

❶ 사회 복지 정책이 경제적 격차를 어떻게 완화할 수 있는가?

사회 복지 정책은 경제적 격차를 완화하는데 중요한 역할을 합니다. 주택 보조금은 취약한 지역의 주택 비용을 부담할 수 있도록 지원하여 안정적인 주거 환경을 제공할 수 있습니다.

의료 보험도 경제적으로 취약한 개인들이 의료 비용을 감당할 수 있게 되어 건강한 생활을 유지할 수 있게 하고, 식량 지원 프로그램 등의 사회 복지 정책도 영양 부족 문제를 해결하고 경제적 격차를 완화할 수 있습니다. 이러한 프로그램으로 취약한 개인과 가정에 지원을 제공하여 기본적인 생활 수준을 유지하고 경제적 양극화를 완화할 수 있습니다.

하지만 사회 복지 정책도 여전히 한계와 도전에 직면하고 있으며, 효과적인 정책 수립과 실행이 필요하다는 것을 인식할 필요가 있습니다.

❷ 사회 복지 정책이 어떤 한계를 가지고 있는가?

사회 복지 정책은 예산 한계로 인해 모든 경제적 격차를 해소할 수 없습니다. 예산 부족으로 복지 서비스 부족이 발생할 수 있습니다.

일부 개인들은 자기 책임론에 의해 정부 지원을 대체하려는 경향이 있어, 사회적 안전망의 의도된 사용자들보다 더 많은 부담을 갖게 되는 경우가 발생할 수 있습니다.

또한 개인들이 불법적인 방법으로 혜택을 수령하거나, 복지 지원을 받으면서도 노동 시장에서 참여하지 않는 시스템이 오용되고 악용되는 사례를 지적하지 않을 수 없습니다. 마지막으로 모든 사회적 집단의 요구를 충족시키지 못하여, 사회적 갈등과 불평등이 심화될 수 있습니다.

III 반론 제기

1 일부 사람들은 사회 복지 정책이 경제적 자유를 제한하고 무임 승차 문제를 야기한다고 주장합니다.

사회 복지 정책이 과도한 세금을 부과하여 경제적 자유를 제한한다는 주장은 세금 부담으로 개인의 수입이 감소하고, 정부의 개입으로 인해 시장 경제의 자율성이 제한된다는 의견입니다.

하지만 사회 복지 정책은 사회적 안전망을 유지하고 가난한 계층을 지원하는 중요한 수단입니다. 적절한 정책과 프로그램은 경제적 격차를 완화하고 사회적 안정성을 증진시킬 수 있습니다.

2 정책 실행에 있어서 효율성과 공정성에 대한 의문을 제기할 수 있습니다.

일부 사람들은 정부나 관련 기관이 사회 복지 프로그램을 효과적으로 관리하지 못하고, 예산이 비효율적으로 사용되고 있다는 우려를 표명하고 있습니다.

또한 특정 집단이나 지역이 다른 집단이나 지역보다 불필요하게 혜택을 받거나, 정책이 일부 그룹에게 불공평하게 적용되는 경우를 지적하며, 이것이 사회적 불평등을 심화시킬 수 있다는 우려를 야기합니다.

그러나 정책 실행의 효율성과 공정성은 효율적인 자원 활용과 공정한 혜택 배분을 위한 체계적인 시스템과 절차를 마련하여 이러한 우려를 해소할 수 있습니다.

IV 대안 제시

1 사회적 협력 강화: 정부, 비영리 기관 및 민간 부분의 협력을 강화하여 사회적 문제에 대한 종합적이고 지속적인 대응이 필요합니다.

정부, 비영리 기관, 민간 부문은 각각 다양한 자원과 전문성을 보유하고 있기에, 이들이 협력하여 자원을 공유하고, 각자의 강점을 결합하여 사회적 문제에 종합적으로 대응할 수 있습니다. 사회적 협력을 통해 지속적이고 효과적인 사회 복지 프로그램을 운영할 수 있습니다.

사회 구성원들 간의 상호 작용과 협력은 사회적인 유대감을 형성하고, 사회적 안전망의 강화에 도움이 됩니다. 지역 사회 참여를 통해 현지 사회의 니즈를 파악하고, 그에 맞는 사회 복지 프로그램을 개발하는 것이 정책 실행의 효율성과 실질적인 효과를 높일 수 있습니다.

2 능력 개발 프로그램: 취약 계층을 위한 교육 및 기술 향상 프로그램을 통해 경제적 격차를 줄이고 사회적 기회 평등을 증진할 수 있습니다.

취약 계층을 대상으로 한 기술 및 직업 훈련 프로그램을 실시하여 그들이 시장에서 요구되는 기술과 역량을 습득할 수 있도록 지원을 통하여 취약 계층의 고용 기회가 확대되고 경제적 자립이 가능해집니다.

저비용 또는 무료 교육 과정, 성인 교육 프로그램, 온라인 학습 자원과 같은 학습 기회를 확대하는 프로그램을 운영하는 것도, 그들의 학습 기회를 높여줍니다. 또한 직업 지원 서비스를 제공하여 실질적인 취업 기회를 제공할 수 있습니다.

자영업을 통해 경제적 자립을 이루고자 하는 사람들에게는 창업 교육과 자금 지원을 통해 창업의 기회를 제공하여 경제적 격차를 줄이는데 기여할 수 있습니다.

V   다양한 연관 발표 토론 주제

1 기본 소득제 도입의 효과와 한계: 사회적 안전망의 한 형태로써 기본 소득제의 장단점에 대한 토론

기본 소득제는 경제적으로 취약한 계층에게 수입을 보장함으로써 경제적 격차를 완화하는 재분배 효과를 나타내는 장점이 있습니다. 또한 기본 소득제는 빈곤층의 생활 안정성을 높여 사회적 불안 요인을 감소시켜, 사회적 안전망의 한 형태로써 기능할 수 있습니다.

단점으로는 일부 비판자들은 기본 소득제가 노동 참여율을 감소시킬 우려가 있다고 지적합니다. 또한 기본 소득제를 시행하기 위해서는 막대한 예산이 필요하며 이를 충당하기 위한 세금 증액 등의 재원 충당 문제를 고려해야 합니다.

② 노동 시장의 변화와 사회 복지 정책: 인공 지능과 자동화의 발전이 미치는 영향과 사회 복지 정책의 대응 전략에 관한 논의

인공 지능과 자동화의 발전으로 노동 시장은 변화하고 있습니다. 일부 직업은 자동화로 인해 사라지거나 변형되고 있으며, 이로 인해 일자리의 불안정성이 증가하고 있습니다. 이러한 변화에 대응하기 위해 사회 복지 정책은 재교육 및 직업 훈련 프로그램을 강화하고, 취업 지원 및 일자리 창출 정책을 시행하여 일자리의 안정성을 확보하려는 노력이 필요합니다.

자동화는 노동 생산성을 향상시킬 수 있고 인공 지능 기술은 업무 프로세스를 최적화하여 비용을 절감하고 효율성을 높일 수 있습니다. 하지만 일부 직업의 자동화로 인해 일자리 손실이 발생할 수 있고, 일자리의 불안정성이 증가할 수 있기에, 기존 직업의 요구 사항이 변화함에 따라 일부 교육 수준이 낮은 근로자들은 취업 경쟁에서 밀릴 수 있습니다.

사회 복지 정책은 교육 및 훈련 프로그램을 통해 노동자들의 역량을 강화하고, 혁신적인 산업에 대한 지원을 제공하여 새로운 일자리 창출을 촉진해야 합니다. 근로자들의 안정성을 보장하는 것에 우선적인 고려가 필요합니다.

24 지역 간 발전 균형

: 지역 간 발전 격차를 해소하기 위한
정책과 지역별 특성에 따른 발전 전략

I 주요 내용과 주장

지역 간 발전 격차를 해소하기 위한 정책의 중요성과 지역별 특성에 따른 발전 전략을 살펴봅니다. 지역 간 발전 격차는 사회적 불평등을 심화시키며 전체 경제의 성장을 저해할 수 있으므로, 효과적인 정책과 발전 전략이 필요합니다.

II 토론 발표의 주요 질문과 쟁점

1 지역 간 발전 격차의 주요 원인은 무엇인가?

경제적 요인으로는 일부 지역은 특정 산업에 의존하거나 다양한 산업이 발달하지 않아 경제적으로 취약할 수 있습니다. 자원이 특정 지역에 집중되어 있거나, 자원이 부족한 지역은 경제 발전이 제약될 수 있습니다.

사회적 요인으로는 교육 수준이 낮거나 기술력이 부족한 지역은 경제 발전에 제약을 받을 수 있습니다. 일부 지역은 인력이 부족하거나 인력 수준이 낮아 경제적 발전에 어려움을 겪을 수 있습니다.

정책적 요인으로는 일부 지역에만 특정 산업이나 인프라에 대한 정책적 지원이 이루어지는 경우 발전 격차가 벌어질 수 있습니다. 재정 분배가 지역 간에 불균형하게 이루어지는 경우 발전 격차가 확대될 수 있습니다.

지리적 요인으로는 교통 편의성이 떨어지거나 물류 인프라가 부족한 지역은 경제 활동이 제약될 수 있습니다. 일부 지역은 지리적 특성에 따라 특정 산업에 적합한 환경을 갖추고 있어 발전이 용이할 수 있습니다.

② 어떤 정책과 전략이 지역 간 발전 격차를 해소하는데 가장 효과적일까?

일부는 정부의 직접적인 개입과 투자가 가장 효과적이라고 주장합니다. 이는 지역 간 인프라, 교육, 산업 육성 등에 대한 투자를 통해 발전 격차를 해소할 수 있다는 것입니다. 지역 간 발전 격차를 해소하기 위해서는 각 지역의 특성을 고려한 맞춤형 전략이 필요합니다. 예를 들어, 자원이 풍부한 지역은 자원 산업에 집중하고, 인력이 우수한 지역은 기술 및 서비스 산업을 육성하는 등의 방법이 있습니다.

또한 지역 간 협력과 연계를 통해 발전 격차를 줄일 수 있습니다. 지역 간 협력을 강화하고 교류를 촉진하는 정책과 프로그램을 통해 지역 간의 연계성을 높일 수 있습니다. 균형 있는 지역 발전을 위해 중앙 정부는 각 지역의 발전을 균형 있게 유도해야 합니다. 이는 일부 지역의 과도한 발전이 다른 지역에 미치는 영향을 고려하는 것을 의미합니다.

❸ 발전 전략을 수립할 때 고려해야 할 지역별 특성은 무엇인가?

지형, 기후 등의 지리적 조건은 각 지역의 발전 가능성을 결정합니다. 산업 구조나 농업 생산성에 영향을 미칠 수 있습니다. 각 지역의 자원 분포도 해당 지역의 산업 구조와 경제 발전에 큰 영향을 미칩니다.

교통망, 항구 시설 등의 발달 정도가 지역 간 경제 활동 및 무역에 영향을 미칩니다. 교육 수준과 건강 수준도 각 지역의 노동 생산성과 인적 자원의 품질에 영향을 줍니다.

또한 주요 산업 및 산업 클러스터의 유무와 다양성은 각 지역의 경제적 특성을 결정합니다. GDP, 소득 수준 등도 각 지역의 경제적 성숙도를 나타내며, 발전 전략의 우선순위를 결정하는데 중요한 지표입니다.

더불어 인구의 연령, 성별, 인종 등은 각 지역의 사회 경제적 특성을 반영합니다. 지역의 문화적 특성도 현지 산업 및 생활 방식에 영향을 미치며, 발전 전략에 반영되어야 합니다.

III 반론 제기

1 일부는 지역 간 발전 격차가 자연스러운 경제 현상이라 주장합니다. 정부의 개입은 시장 메커니즘을 방해할 수 있다는 견해도 있습니다.

지역 간 발전 격차가 자연스러운 경제 현상이라는 주장은 부분적으로 옳을 수 있습니다. 예를 들어, 지리적 조건이나 자연 자원의 분포 등이 다른 지역 간에 발전 격차를 일으킬 수 있습니다. 그러나 이러한 격차가 과도하게 벌어질 경우에는 사회적 불평등과 경제 불균형을 초래할 수 있습니다. 또한 지역 간 발전 격차가 자연스러운 경제 현상이라고만 본다면 그것을 해소하기 위한 정책 개입이 무의미하다고 볼 수 있겠지만, 현실적으로는 정부의 개입 없이는 지역 간 발전 격차를 해소하는 것은 어려울 수 있습니다.

정부의 개입이 시장 메커니즘을 방해할 수 있다는 주장도 일부 옳을 수 있습니다. 그러나 정부의 역할은 오직 시장을 균형 있고 공정하게 운영하는 것뿐만 아니라, 사회적 불평등을 최소화하고 지역 간 발전 격차를 줄이는 것도 포함됩니다. 따라서 정부의 개입은 단순히 시장 메커니즘을 방해하는 것이 아니라, 지역 간 발전 격차를 해소하는데 필요한 조치를 취하는 것으로 이해되어야 합니다.

결국, 지역 간 발전 격차를 해소하기 위해서는 자연스러운 경제 현상을 인정하면서도 정부의 적절한 개입이 필요합니다. 이를 통해 시장의 기능을 유지하면서도 지역 발전의 공정성과 지속 가능성을 보장할 수 있습니다.

2 발전 전략은 지역의 특성을 고려하지 않으면 효과가 제한될 수 있다는 반론이 제기될 수 있습니다.

각 지역은 고유한 특성과 문제를 갖고 있기 때문에 일반적인 발전 전략을 적용하는 것이 항상 효과적이지는 않을 수 있습니다. 예를 들어, 농업 중심의 지역과 산업 중심의 지역은 서로 다른 경제 구조를 갖고 있으며, 각각의 특성에 따라 발전 전략이 달라져야 합니다.

따라서 지역 간 발전 격차를 해소하기 위한 정책과 전략을 수립할 때에는 각 지역의 특성을 신중하게 고려해야 합니다. 이를 위해 정책 수립 과정에 지역주의적 접근을 채택하고, 현지 주민 및 전문가들과의 협력을 강화하여 해당 지역의 요구와 우선순위를 파악하고, 이에 맞는 맞춤형 발전 전략을 수립해야 합니다.

단순히 일반적인 발전 전략을 적용하는 것이 아니라 각 지역의 고유한 특성을 고려한 맞춤형 정책과 전략을 도입함으로써, 지역 간 발전 격차를 해소하는데 효과적일 수 있습니다.

IV 대안 제시

1 지역 간 발전 격차를 줄이기 위해 교육, 인프라, 산업 육성 등

191

에 대한 투자를 증가시키는 정책을 시행할 수 있습니다.

교육 투자는 인력의 질적 향상을 통해 경제 발전을 촉진합니다. 지역 내 교육 인프라 개선 및 교육 기회의 평등한 확대를 통해 인력의 역량을 향상시키고, 산업의 요구에 맞는 기술과 지식을 쌓을 수 있습니다.

인프라 투자는 지역 경제의 발전을 촉진하는 핵심 요소입니다. 도로, 철도, 항만, 공항 등의 인프라 개발은 물류 및 교통 효율을 향상시키고 비용을 절감하여 기업의 생산성을 향상시킬 수 있습니다.

특정 지역의 산업 육성은 그 지역의 경제 발전을 촉진합니다. 지역의 자원과 특성을 고려하여 산업 육성 정책을 수립하고, 현지 기업 및 기술 기반을 활용하여 새로운 산업 분야를 육성하는 것이 중요합니다.

2 지역의 특성에 맞춘 맞춤형 발전 전략을 수립하여 각 지역의 경제적 잠재력을 최대화할 수 있습니다.

먼저 각 지역의 산업 구조, 자원 특성, 노동력 수준 등을 분석하여 지역의 특성을 파악합니다. 이는 지역별 발전 전략을 수립하는 기초가 됩니다. 다양한 분야의 전문가들과 협력하여 각 지역의 특성에 맞춘 발전 전략을 수립합니다. 예를 들어, 자원이 풍부한 지역은 자원 산업을 중심으로 한 발전 전략을, 인구 밀집 지역은 서비스 산업을 강화하는 전략을 수립할 수 있습니다.

또한 각 지역의 자원을 효율적으로 활용하여 지역 경제의 발전을 촉진합니다. 예를 들어, 신재생 에너지를 활용하는 등 환경친화적이고 지속 가능한 산업을 육성하여 자원을 효율적으로 활용합니다. 더불어 지역 간 협력을 통해 지역 간 발전 격차를 줄이는 것도 중요합니다. 서로 협력하여 인프라를 공유하고 산업 교류를 촉진함으로써 지역 간 경제 균형을 이룰 수 있습니다.

V 다양한 연관 발표 토론 주제

■ 기술 혁신과 지역 발전의 관계

기술 혁신은 새로운 산업 분야를 개척하고 성장을 촉진합니다. 이를 통해 경제적인 활동이 확대되며 새로운 일자리가 창출됩니다. 특히, 기술 중심의 산업은 고부가가치를 창출하여 지역의 경제적 발전을 촉진할 수 있습니다.

또한 기술 혁신은 사회 구조와 생활 방식에 변화를 가져옵니다. 이는 지역 내 사회적 발전을 이끌어 내는데 중요한 역할을 합니다. 예를 들어, 교통, 의료, 교육 분야에서의 기술 혁신은 사회적 서비스의 효율성을 향상시키고 인간의 삶의 질을 향상시킵니다.

기술 혁신은 지역의 환경 지속 가능성을 개선하는데 기여할 수 있습니다. 친환경 기술의 도입과 에너지 효율성 향상은 환경 보호와 지속 가능한 발전을 추진합니다. 더불어 기술 혁신은 문화적 다양성과 창의성을 촉진합니다. 다양한 문화적 배경을 가진 인재

193

들이 기술 혁신에 참여하고 그 결과물을 통해 지역의 문화적인 발전을 이룰 수 있습니다.

❷ 지역 간 불평등과 사회적 안전망과의 관계

발전이 빠른 지역과 그렇지 않은 지역 간의 격차는 사회적 불평등을 증대시킵니다. 고용 기회, 소득 수준, 교육 기회 등이 지역 간에 차이가 나면서 사회적 계층 구조가 더욱 격차화될 수 있습니다. 발전이 느린 지역에서는 사회적 안전망의 효과가 충분히 발휘되지 않을 수 있습니다. 사회적 안전망은 실질적 지원과 보호를 제공하여 사회적 불평등을 완화하고 취약한 계층을 지원하는 역할을 합니다. 그러나 발전이 느린 지역에서는 이러한 안전망이 충분히 구축되지 않을 수 있습니다.

지역 간의 발전 격차는 경제적인 불균형을 야기할 수 있습니다. 이로 인해 재정 분배의 불균형이 발생하여 사회적 안전망을 구축하는데 어려움을 겪을 수 있습니다. 이러한 문제에 대응하기 위해서는 정책적 노력이 필요한데, 지역 간 발전 격차를 완화하고 사회적 안전망을 효과적으로 구축하기 위해 노력하는 것이 필요합니다. 이를 통해 사회적 불평등을 최소화하고 사회적 안전망의 효과를 극대화할 수 있습니다.

25 문화적 자원과 유산 보호
: 전통문화와 유산의 보존과 이를 통한 사
회적 연대와 아이덴티티 형성에 대한 논의

I 주요 내용과 주장

전통문화와 유산은 한 나라 또는 지역의 아이덴티티를 형성하고 사회적 연대감을 증진시키는데 중요한 역할을 합니다. 전통문화와 유산의 보존은 사회 구성원 간의 유대감을 증대시키고 자아 정체성을 구축하는데 도움이 됩니다.

II 토론 발표의 주요 질문과 쟁점

■ 전통문화와 유산의 정의와 범위는 무엇인가?

전통문화란 특정 지역, 공동체 또는 문화적 그룹에서 세대를 거치며 전승되어 온 문화적 관습, 신념, 예술 혹은 생활 방식을 의미합니다. 유산은 과거의 인류 활동으로부터 남아있는 유적, 건축물, 미술품, 문학 작품, 전통 지식 등의 유적물이나 문화적 자산을 말합니다.

각 지역이나 국가마다 다양한 전통문화와 유산이 존재합니다. 이러한 다양성은 지역 사회의 아이덴티티를 형성하고 사회적 상호 작용을 촉진하는데 중요한 역할을 합니다. 유산 보존은 문화적 연속성과 아이덴티티 형성을 유지하는데 주요하지만, 이를 위한 자원과 노력이 부족하고, 현대화와의 균형을 유지하는 것이 어렵습니다.

전통문화와 유산은 단순히 과거의 유물이 아니라 현대 사회에서도 중요한 가치를 지니고 있으며, 창의성, 혁신, 지속 가능한 발전 등의 측면에서 현대 사회에 영감을 주고 있습니다.

2 보존을 위한 정책과 노력은 어떻게 이루어져야 하는가?

전통문화와 유산을 보존하기 위해서는 법과 규제의 강화가 필요합니다. 이를 통해 유산의 파괴를 방지하고 보존 활동을 촉진할 수 있습니다.

또한 전통문화와 유산의 가치와 중요성을 대중에게 홍보하고 교육하는 노력이 필요합니다. 교육을 통해 사람들이 자신의 문화유산을 이해하고 소중히 여기게 됩니다. 전통문화와 유산을 관광 명소로 활용하여 지역 경제를 촉진하고 보존에 필요한 자금을 마련할 수 있습니다. 이를 위해 관광 산업을 지원하고 인프라를 강화해야 합니다.

지역 사회의 참여와 협력이 보존 활동의 핵심이기에 지역 사회의 의견을 수렴하고 그들의 자원과 노력을 활용하여 보존 프로젝트를 진행하는 것이 중요합니다. 더불어 디지털 기술을 활용하여 전통문화와 유산을 디지털 형태로 보존하고 접근성을 높일 수 있습니다. 디지털 아카이브 및 온라인 자료관을 구축하여 보존의 지속성을 확보할 수 있습니다.

❸ 보존과 현대화의 균형은 어떻게 유지되어야 하는가?

전통문화와 유산을 보존하면서도 현대 사회의 요구와 조화시켜야 합니다. 이를 통해 전통의 중요성을 인식하면서도 현대 사회에 적합한 방식으로 전달될 수 있습니다. 또한 유산을 보존하면서도 활용 가능한 형태로 현대화해야 합니다.

예를 들어, 전통 공예품이나 예술 작품을 현대인 디자인으로 재해석하여 새로운 시장을 창출하고 보존에 필요한 자금을 확보할 수 있습니다. 더불어 대중의 교육과 인식이 중요하기에 전통문화의 유산 가치와 중요성을 이해하고 존중하는 문화적 환경을 조성해야 합니다.

전통문화와 유산은 현대 사회에서의 창의성과 혁신을 촉진할 수 있는 자원입니다. 이를 통해 과거의 지식과 기술을 현대적인 문제 해결에 적용하고 새로운 아이디어를 발전시킬 수 있습니다. 보존과 현대화의 균형을 유지하기 위해서는 지속 가능한 발전을 위한 정책이 필요합니다. 환경 보호, 사회적 공정성, 경제적 지속 가능성을 고려한 정책을 수립하여 보존과 현대화의 균형을 유지할 수 있습니다.

III 반론 제기

1 전통문화와 유산의 보존은 과거 지향적이며 현대 사회의 발전을 방해할 수 있다는 우려가 있습니다.

전통문화와 유산의 과도한 보존은 현대 사회의 혁신과 발전을 제약할 수 있습니다. 고정된 관념과 전통적인 가치관에 얽매여 새로운 아이디어나 기술의 도입이 어려워지며, 이로 인해 혁신적인 사회적 변화가 억제될 수 있습니다.

또한 전통문화와 유산의 보존에 대한 지속적인 투자와 노력은 현대 사회의 다른 중요한 분야로의 자원이 소모될 수 있습니다. 이는 현대 사회가 직면한 다양한 문제에 대한 대응력을 약화시킬 수 있습니다.

더불어 너무 과도한 전통문화와 유산의 보존은 문화적 다양성을 제한할 수 있습니다. 새로운 아이디어나 문화 요소들이 억압되고 소멸할 우려가 있으며, 이는 사회의 창의성과 다양성을 제한할 수 있습니다.

이러한 우려에 대응하여 과거의 가치를 존중하면서도 새로운 아이디어와 기술을 통해 현대적인 요구에 부응하는 방식으로 보존을 추구해야 하며, 전통문화와 유산을 현대적인 시각에서 새롭게 해석하고 활용할 필요가 있습니다.

2 보존을 위한 자원이 부족한 경우, 현대화에 우선순위를 두어야 한다는 주장도 있습니다.

전통문화와 유산은 한 나라나 지역의 아이덴티티와 정체성을 형성하는 중요한 자산입니다. 보존이 우선되어야 하는 이유는 우리의 아이덴티티와 역사적인 연속성을 유지하는데 필수적이기 때문입니다.

이것은 미래를 위한 투자로 우리의 과거와 현재를 이해하는 것은 미래를 위한 지혜와 통찰력을 제공할 수 있습니다. 따라서 보존에 투자하는 것은 우리의 미래를 보장하는 것입니다.

보존은 문화적 다양성을 유지하고 확대하는데 중요한 역할을 합니다. 다양한 문화적 자원과 유산을 보존함으로써 우리는 서로 다른 문화 간의 이해와 협력을 촉진할 수 있습니다. 전통문화와 유산의 보존은 지속 가능한 발전을 위한 전제로, 우리는 전통적인 가치와 현대적인 요구를 조화시켜가며, 과거의 지혜를 기반으로 현대 사회의 문제에 대한 해결책을 모색할 수 있습니다.

IV 대안 제시

1 유산 보존을 위한 자원 확보 및 투자 증대

정부 및 지자체에서 유산 보존을 위한 자금을 증액하고, 기업 및 사회 기관 등에서도 유산 보전을 위한 자금을 지원할 수 있도록 유도해야 합니다. 이를 통해 유산의 보전과 관리에 필요한 자금을 보다 안정적으로 확보할 수 있습니다.

또한 유산의 보전과 관리에 필요한 전문가와 인력을 확보하고, 이들에 대한 교육 및 훈련을 강화해야 합니다. 전문가와 인력의 투자를 통해 유산 보전에 필요한 지식과 기술을 보다 전문적으로 활용할 수 있습니다. 기술 및 기술 개발도 중요한데, 새로운 기술을 도입하고 기존 기술을 발전시킴으로써 유산의 보전과 관리 효율성을 향상시킬 수 있습니다.

유산의 가치를 인식하고 보존에 대한 사회적 참여를 유도하기 위해 교육 및 홍보 활동에 투자해야 합니다. 이를 통해 지역 주민과 사회 전반에게 유산의 중요성을 홍보하고 보전에 대한 인식을 높일 수 있습니다.

마지막으로 지역 사회와의 협력을 강화하고, 지역 주민들의 참여를 유도해야 합니다. 지역 사회와의 협력을 통해 유산 보전에 대한 관심과 책임감을 공유하고, 보전 활동에 대한 현지 지식과 경험을 활용할 수 있습니다.

2 전통문화와 유산의 현대적 가치 및 활용 방안 강조

전통문화와 유산을 현대적인 시각에서 재해석하고, 창의적으로 활용할 수 있는 방안을 모색해야 합니다. 이를 통해 전통문화와 유산의 새로운 가치를 발견하고, 다양한 분야에서 활용할 수 있습니다.

전통문화와 유산을 기반으로한 다양한 문화 콘텐츠를 개발하고 확산하는 방안을 모색해야 하는데, 영화, 드라마, 음악, 예술 등의 다양한 분야에서 전통문화와 유산을 소재로 한 콘텐츠를 제작하여 대중들에게 전통문화의 매력을 전달할 수 있습니다.

전통문화와 유산을 체험하고 학습할 수 있는 교육 및 체험 프로그램을 확대하는 것이 중요한데, 박물관, 전통 마을, 문화 센터 등에서 전통문화 체험 프로그램을 운영하고, 교육 프로그램을 통해 전통문화의 가치와 의미를 전파할 수 있습니다.

또한 전통문화와 유산을 기반으로 한 문화 산업의 활성화가 중요한데, 전통 공예품 제작, 문화 행사 및 축제 개최, 문화 관광 콘텐츠 기발 등을 통해 지역 경제에 기여할 수 있으며, 동시에 전통문화와 유산의 보존을 지원할 수 있습니다. 더불어 국내외적으로 다양한 교육과 협력을 통해 전통문화와 유산을 활용할 수 있는 기회를 모색할 필요가 있는데, 국제 문화 교육 프로그램, 문화 교류 전시회, 해외 문화 콘텐츠 수출 등을 통해 전통문화와 유산의 가치를 널리 알릴 수 있습니다.

❸ 전통과 현대를 절충한 보존 정책 수립

전통적인 가치와 현대적 요구를 조화시켜, 유산을 새로운 문화 콘텐츠나 체험 프로그램으로 개발하여 보존과 활용을 동시에 이루어낼 수 있습니다. 이를 위해서는 교육과 교류가 필수적인데 현대적인 교육 방법과 기술을 활용하여 전통문화를 체계적으로 전수하고, 동시에 국내외적인 교류를 통해 유산의 가치를 확산시킬 수 있습니다.

더불어 유산을 보존하기 위해서는 지속 가능한 관리가 필요한데, 전통과 현대의 균형을 맞추면서도 자연환경과 조화를 이루며 보존할 수 있는 정책과 시스템을 구축해야 합니다.

전통문화와 유산의 보존은 지역 사회와의 협력이 필수적인데, 현지 주민들과의 소통을 통해 지역 사회의 참여와 이해를 이끌어내고, 지역의 자부심과 아이덴티티를 형성하는데 기여할 수 있습니다. 전통과 현대를 절충한 보존 정책을 수립한 후에도 지속적인 검토와 수정이 필요하기에, 사회적 변화와 문화적 요구에 따라 정책을 조정하여 전통문화와 유산이 보존과 활용을 지속적으로 발전시켜 나가야 합니다.

V 다양한 연관 발표 토론 주제

◼ 문화적 다양성과 유산 보존의 관계

문화적 다양성은 각 문화적인 측면을 존중하고 보존하는데 기여합니다. 다양한 문화적 표현들이 유산의 다양성을 보존하고 풍부화시킵니다. 각 문화적인 요소들이 상호 작용하면서 유산은 새로운 의미와 가치를 발견하게 됩니다.

또한 문화적 다양성은 유산의 보호와 보존을 강화합니다. 여러 가지 문화적 전통과 표현들이 함께 존재하면서, 특정 문화나 유산이 사라지는 것을 방지할 수 있습니다. 이는 유산이 다양한 관점에서 이해되고 보호되는 것을 의미합니다.

더불어 문화적 다양성은 유산의 활용을 촉진하여 새로운 가치를 창출합니다. 다양한 문화적 요소들이 상호 작용하고 융합되면서 새로운 창조적인 작품이나 제품들이 탄생하게 됩니다. 이는 유산의 새로운 시대적 의미와 가치를 부여합니다.

마지막으로 문화적 다양성은 사회적 연대와 아이덴티티 형성에도 영향을 미칩니다. 다양한 문화적 배경을 공유하고 인정함으로써 사회적인 연대감이 형성되고, 다양한 개인과 집단들이 자신의 아이덴티티를 발견하고 구축할 수 있습니다.

2 관광 산업과 전통문화의 상호 작용

관광 산업은 전통문화의 보존과 활성화에 기여합니다. 관광객들이 전통문화를 체험하고 학습함으로써 해당 문화를 보존하고 활성화시키는 역할을 합니다. 전통적인 공예품 제작, 전통 축제 및 행사 개최 등을 통해 전통문화의 가치를 새롭게 발견할 수 있습니다.

또한 관광 산업은 지역 경제의 활성화에 기여합니다. 관광 지역에 유입되는 관광 수입은 지역 상인들과 지역 문화 산업에 직간접적인 경제적 혜택을 제공합니다. 이는 지역의 전통적인 산업과 공예품 제작을 지원하고, 지역 소비를 촉진하여 지역 경제를 발전시킵니다.

더불어 관광 산업은 다양한 국가와 지역에서 온 관광객들이 현지 문화를 체험하고 소통함으로써 문화 간의 이해와 협력을 촉진합니다.

이는 문화적인 연대와 이해를 높이는데 기여하여 국제적인 관계 개선과 평화 유지에도 도움이 됩니다. 문화유산 보존을 위한 자금을 조달하는 수단으로 활용될 수 있는데, 관광지의 입장료나 문화 체험 프로그램 등을 통해 수익을 얻을 수 있으며, 이를 문화유산 보존 및 유지 보수에 투자할 수 있습니다.

문화 교육과 인식 개선에 도움을 줄 수 있는데, 관광객들이 전통문화를 체험하고 학습함으로써 해당 문화에 대한 이해와 인식을 향상시킴으로써, 지식의 확산과 문화적인 열림을 촉진하여 사회적 연대와 아이덴티티 형성에 도움이 됩니다.

3 유산 보존이 지역 사회와 경제에 미치는 영향

유산의 보존은 해당 지역을 문화적인 관광지로 변모시킵니다. 유산은 과거의 역사와 전통을 담고 있어 많은 사람의 관심을 끌며, 지역으로의 관광 수요를 증가시킵니다. 유산 관광은 지역 경제를 활성화시키는데, 관광객의 유입으로 지역 내 호텔, 레스토랑, 상점 들의 서비스 부문이 발전하고, 지역 주민의 일자리 창출에도 도움이 됩니다.

유산의 보존은 지역 아이덴티티 형성에 기여합니다. 유산은 특정 지역의 역사와 정체성을 나타내는 상징적인 요소로 작용하여, 지역 주민들에게 자부심과 공동체 의식을 부여합니다. 또한 유산의 보존은 문화 교류를 촉진합니다.

유산은 다양한 문화와 역사를 담고 있어 외국이 관광객들에게도 관심을 끌며, 문화 교류를 통해서 지역 사회와 세계 각국과의 연결을 강화시킵니다.

마지막으로 교육적 가치를 고려해 볼 수 있는데, 유산 관련 교육 프로그램을 통해 학생들이 역사와 문화에 대한 이해를 높일 수 있으며, 지식의 확산과 문화적 열림을 촉진합니다.

26 환경 보호와 문화적 지속 가능성

I 주요 내용과 주장

환경 보호와 문화적 지속 가능성은 우리의 삶과 문화에 직접적인 영향을 미치는 주제입니다.

지구 온난화, 자원 고갈, 문화적 유산의 손실 등의 문제에 대처하기 위해서는 우리가 지속 가능한 방향으로 행동해야 합니다. 환경 파괴는 우리의 삶뿐만 아니라 문화적 유산에도 영향을 미칩니다. 따라서 환경 보호와 문화적 지속 가능성은 떼어 놓을 수 없는 관계에 있습니다.

정부, 비정부 기구, 시민 단체 등이 다양한 노력을 기울여 환경 보호와 문화적 지속 가능성을 위해 노력하고 있습니다. 환경 보호 정책, 재활용 프로그램, 문화 유산 보존 활동 등이 이에 해당합니다. 이러한 노력은 우리의 자원을 보호하고, 문화적 유산을 지속 가능하게 전달하기 위해 중요한 역할을 합니다.

II 토론 발표의 주요 질문과 쟁점

1 환경 보호와 문화적 지속 가능성은 서로 어떻게 상호 작용하며 연관되어 있는지에 대한 질문과 논의가 필요합니다. 환경 파괴가 문화적 유산에 미치는 영향과 문화적 관행이 환경 보호에 미치는 영향을 다룰 수 있습니다.

예를 들어, 자연환경의 파괴는 문화적 유산의 훼손을 야기할 수 있고, 반대로 문화적 관행이 지속 가능한 자연 보호에 기여할 수 있습니다.

2 경제 발전과 환경 보호, 문화 보존 간의 균형을 맞추는 것은 어떤 도전과 과제를 안게 하는지에 대한 질문과 논의가 필요합니다. 지속 가능한 개발을 위해서는 어떤 조치가 필요하며, 이러한 조치들이 문화적 유산과 관련하여 어떤 영향을 미칠 수 있는지를 다룰 수 있습니다.

III 반론 제기

1 일부 사람들은 경제 발전을 우선시하여 환경 보호와 문화 보존을 뒷전으로 밀어 넣는 경향이 있습니다.

경제 성장을 우선시하여 환경 보호와 문화 보존을 후순위로 미뤄놓는 것은 경제적인 이익을 추구하고자 하는 욕구와 단기적인 성과를 중시하는 경향에서 비롯됩니다.

하지만 경제 발전을 위해 자원 소비가 증가하면서 자연환경 파괴와 문화적 자원의 손실이 발생함을 간과할 수 없습니다. 산업 발전과 도시화 과정에서 자연 생태계가 파괴되고, 전통문화 유산이 훼손될 수 있습니다.

이러한 입장을 반박하고, 경제 발전과 환경 보호, 문화 보존의 균형을 유지할 수 있는 정책과 방안에 대한 논의할 필요가 있습니다. 예를 들어, 지속 가능한 경제 모델과 환경친화적 기술의 도입 등이 이에 해당합니다.

2 일부 사람들은 환경 보호와 문화적 지속 가능성을 위한 노력이 비용이 많이 들고 효율적이지 않다고 주장합니다.

일부 사람들은 환경 보호와 문화적 지속 가능성을 위한 노력이 많은 비용을 필요로 한다고 여깁니다. 이러한 비용은 환경친화적인 기술이나 문화 보존 프로그램을 개발하고 유지하는데 들어가는 초기 비용이 크게 요구됩니다. 또한 환경 보호 활동이나 문화유산 보존 프로젝트는 오랜 기간 지속되어야 하며, 지속적인 관리와 유지 보수가 필요합니다.

IV 대안 제시

1 환경 보호와 문화적 지속 가능성을 위한 교육과 홍보 활동을 강화하여 사람들의 인식을 바꾸고 행동을 변화시키는 것이 중요

합니다. 환경 보호와 문화 보존의 중요성을 보다 널리 알리는 노력이 필요합니다.

2 지속 가능한 생활 방식을 적극적으로 제안하고, 기업의 사회적 책임을 강조하여 환경 보호와 문화적 지속 가능성을 실현할 수 있는 방안을 모색할 필요가 있습니다.

V 다양한 연관 발표 토론 주제

1 기업의 사회적 책임과 환경 보호

기업은 자원 소비, 오염, 그리고 기후 변화와 같은 환경 문제로부터 발생하는 부정적 영향을 인식해야 합니다. 환경 보호는 우리의 생존과 직결된 문제이며, 기업이 지속 가능한 발전을 위해 이에 대한 책임을 져야 합니다.

환경 보호는 단순히 윤리적 책임뿐만 아니라 기업의 경영적 성공에도 영향을 미칩니다. 기업은 환경 문제로 인한 법적 문제와 금전적 손실을 방지하고, 환경친화적인 이미지를 구축하여 소비자의 신뢰를 얻을 수 있습니다.

또한 기업은 환경 문제에 대한 대응을 위해 내부적으로 환경 관리 체계를 구축해야 합니다. 정부의 환경 보호 정책을 준수하고 지속 가능한 사업 방식을 채택하여 환경 오염과 자원 소비를 최소화해야 합니다.

더불어 기업은 환경 보호를 위해 혁신적인 기술과 비즈니스 모델을 개발해야 합니다. 친환경 제품과 서비스를 개발하고 친환경 생산 과정을 채택함으로써 기업은 환경 보호와 경제적 이익을 동시에 추구할 수 있습니다. 다른 이해관계자들과의 협력도 중요한데 지역 사회와의 협력을 통해 지역 환경 문제를 해결하고, 다양한 이해관계자들과의 파트너십을 통해 보다 포괄적인 환경 보호 방안을 마련할 수 있습니다.

제 **4** 장

정치 및 사회

27 정부의 시장 개입의 한계와 위험

I 주요 내용과 주장

1 정부의 시장 개입은 경제의 균형과 안정을 유지하는 역할을 하지만, 너무 많은 개입은 경제에 부정적인 영향을 미칠 수 있습니다.

2 정부의 개입이 필요한 경우와 개입으로 인한 부작용에 대해 알아보려고 합니다.

II 토론 발표의 주요 질문과 쟁점

1 정부의 시장 개입이 필요한 경우와 그 이유는 무엇인가?

완전한 경쟁이 이루어지지 않거나 시장이 경제적 외부성을 고려하지 않을 때 정부의 개입이 필요합니다. 환경 오염이나 사회적 공정성을 보장하기 위해 정부가 규제를 시행할 필요가 있습니다.

교육, 보건, 안전 등과 같은 공공재의 제공은 자유 시장에서 충분히 이루어지지 않을 수 있습니다. 즉 시장이 공공재를 효율적으로 제공하지 못할 때 정부가 개입할 필요가 있습니다.

이 외에도 시장 독점, 과도한 규모의 기업, 소비자 보호 등을 위해 정부가 개입하여 시장의 왜곡을 교정하여 효율적인 자원 할당이 이루어지게 할 수 있습니다.

② 시장의 자유로운 운영이 경제에 미치는 영향은 무엇인가?

시장의 자유로운 운영은 경제 주체들에게 경제적 자유를 부여하여 경제 성과를 향상시킬 수 있습니다. 경제 주체들의 경쟁과 혁신은 새로운 산업과 일자리를 창출할 수 있습니다.

하지만 시장의 자유는 자본이 집중되고, 소득의 불평등이 발생하는 등 시장의 불균형과 불안정성을 초래할 수도 있습니다. 소수의 기업이 시장을 지배하여 경제적 균형이 깨지는 경우가 대표적입니다. 고용과 임금이 자유롭게 결정되면 일부 그룹의 소득이 제한될 수 있는 경우를 생각해 볼 수 있습니다.

③ 정부의 시장 개입이 경제적 균형과 안정을 유지하는데 도움이 되는가, 아니면 방해가 되는가?

정부의 시장 개입은 외부적 요인에 의한 경제의 불안정성을 줄이고 균형을 유지하는데 도움이 될 수 있습니다. 예를 들어, 금융 위기나 경제적 불균형을 조절하기 위해 정부는 통화 정책이나 재정 정책을 시행하여 경제적 안정성을 향상시킬 수 있습니다.

그러나 과도한 정부 개입은 시장의 자유를 제한하여 시장의 왜곡을 초래할 수 있고, 경제 주체들의 의사 결정을 왜곡하여 이에 따른 비효율성을 야기하여 경제적 부작용을 유발할 수 있습니다.

III 반론 제기

▌ 시장 개입으로 인한 정부의 권한 증대는 개인의 경제적 자유를 침해할 수 있다.

정부가 시장에 규제를 도입하면 기업의 활동이 제한되고, 이로 인해 개인의 선택이 제한될 수 있습니다.

예를 들어, 가격 규제로 인해 기업이 가격을 자유롭게 조절하지 못하고, 소비자들은 제한된 선택지에서 상품을 구매해야 할 수 있습니다.

또한 정부가 세금을 과도하게 부과하거나 재분배 정책을 시행하면 개인들은 더 많은 세금을 납부해야 되는 등 개인의 소득과 재산에 대한 자유가 침해될 수 있습니다.

▌ 시장 개입이 정부의 효율성과 효과성에 대한 의문을 불러일으킬 수 있다.

정부가 시장에 개입할 때 종종 시장 참여자들보다 제한된 정보와 능력을 가지고 있기 때문에 적절한 개입을 결정하기 어려울 수 있습니다. 이로 인해 정부의 개입이 비효율적이거나 예상과는 다른 결과를 낳을 수 있습니다.

정부의 과도한 개입은 종종 시장의 자유로운 운영을 방해하고, 시장 왜곡을 초래할 수 있습니다.

이는 경제 주체들 간의 효율적인 자원 할당을 방해하고, 경제의 성장과 발전을 저해할 수 있기에 시장 개입은 신중하게 검토되어야 하며, 시장의 복잡성을 고려하고 투명하고 효과적인 개입을 위해 노력해야 합니다.

❸ 정부의 개입은 종종 정치적 이해와 관련되어 시장의 효율성을 해칠 수 있다.

정부의 시장 개입은 종종 정치적 이해와 관련되어 있을 수 있기에, 경제적 목표보다는 정치적 이익을 추구하는데 사용될 수 있습니다. 이는 시장의 효율성과 공정성을 해치는 결과를 가져올 수 있습니다.

IV 대안 제시

❶ 시장 개입의 규모와 방법을 조절하여 균형을 유지하는 방안이 필요합니다.

❷ 정부의 개입이 있을 때마다 그 효과를 신중하게 평가하고, 필요한 경우 조정하거나 철회해야 합니다.

3 정부의 개입이 필요한 경우, 투명성과 책임성을 유지하며 시민들에게 설명할 필요가 있습니다.

V 다양한 연관 발표 토론 주제

1 정부의 시장 개입이 현재 경제 상황에 어떻게 영향을 미치고 있는가?

금융 위기 시에는 정부가 은행 구조 조정, 자본 시장 규제, 금융 기관 지원 등을 통해 경제 안정을 유지하고 금융 시스템의 붕괴를 방지할 수 있습니다. 이러한 시장 개입으로 금융 시장의 불안정성을 해소하는데 기여합니다.

산업을 육성하기 위해 기술 개발, 산업 육성, 고용 창출 등의 정책을 통해 시장에 개입할 수 있습니다. 특히 새로운 기술의 발전을 촉진하고 미래 산업 분야에 투자를 유도하기 위해 산업정책이 중요한 역할을 합니다.

2 금융 위기나 기타 경제 위기 시에 정부의 개입이 어떻게 이루어져야 하는가?

금융 위기가 발행할 때, 정부는 금융 시장의 불안을 완화하고 경제의 안정성을 유지하기 위해 다양한 정책을 시행합니다. 이에는 중앙은행의 금융 기능 강화, 금융 기관의 구조 조정과 지원, 금융 시장의 규제와 투명성 강화 등이 포함될 수 있습니다.

경제 하강 시에는 정부가 재정 지출을 늘리고 세금을 감소시켜 소비와 투자를 촉진하여 경기를 부양하여 경제의 활력을 회복시키고 실업 문제를 완화할 수 있습니다. 금리 인하와 같은 금융 완화 정책을 통해 자금 조달을 원활히 하여 금융 시장의 안정성을 보장할 수 있습니다.

3 현대 사회에서의 기술 발전과 시장 개입의 관계는 무엇인가?

기술 발전은 생산성 향상, 새로운 산업의 등장, 새로운 시장의 형성 등을 통해 경제적 발전을 이끌어 냅니다.

하지만 이러한 발전은 종종 일자리의 감소와 산업의 변화를 동반하고 기술의 불균형한 보급은 디지털 격차를 더욱 심화시킬 수 있습니다.

이러한 상황에서 정부는 시장 개입을 통해 사회적 문제를 해결하고 경제의 안정성을 유지해야 합니다. 그래서 기술의 과도한 집중을 막기 위해 규제가 필요하고, 일자리 감소로 인한 사회적 문제를 완화하기 위해 교육 혁신과 일자리 재배치를 지원할 필요가 있습니다.

4 환경 보호와 같은 사회적 목표를 달성하기 위해 정부의 개입이 어디까지 필요한가?

정부는 환경 오염을 방지하기 위해 대기 및 물질 오염을 제이히기 위해 환경 기준의 도입, 폐기물 처리 및 재활용을 강화하는 법규의 제정 등을 시행할 수 있습니다.

환경 보호에 대한 기업 및 개인의 노력을 격려하기 위해 정부는 보조금 및 재정 지원을 제공할 수 있는데 에너지 효율화를 촉진하기 위한 보조금, 재생 에너지 개발을 위한 세제 혜택, 환경친화적인 기술 및 제품의 연구 및 개발을 지원하는 등의 방식으로 이루어질 수 있습니다.

28 글로벌 경제의 불균형과 그 영향

I 주요 내용과 주장

글로벌 경제의 불균형은 국가 간의 소득 격차, 무역 수지 불균형, 환율 등의 요인으로 발생합니다. 이러한 불균형은 전 세계적으로 경제적 안정성을 위협하며, 개별 국가와 세계 경제에 부정적인 영향을 미칩니다. 불균형의 해소를 위해 국제적인 협력과 정책의 조정이 필요합니다.

II 토론 발표의 주요 질문과 쟁점

1 불균형의 주요 원인은 무엇이며, 이를 해결하기 위한 정책은 무엇인가?

국가 간의 수출과 수입 간격이 큰 경우, 무역 불균형이 발생합니다.

일부 국가는 수출 중심의 경제 모델을 채택하여 무역 흑자를 유지하고 있으며, 이로 인해 무역 수지 불균형이 발생합니다.

금융 시스템에서의 불균형 역시 글로벌 경제의 불균형을 야기합니다. 금융 부문에서의 과도한 레버리지, 파생 상품 거래의 증가, 그리고 금융 시장의 부채 증가 등이 이에 해당합니다. 각국의 통화 정책 차이도 불균형을 야기하는 요인 중 하나입니다. 특히 각국의 통화 가치와 환율 정책의 불일치로 인해 경제의 불균형이 심화될 수 있습니다.

불균형을 해결하기 위한 정책으로는 국제 무역 규칙을 적용하여 무역 불균형을 완화하고, 무역 장벽을 줄이는 등 균형적인 무역 정책을 시행해야 합니다. 금융 부문에서의 과도한 레버리지와 파생 상품 거래 등을 규제하고, 금융 시장의 안정성을 확보하는 정책을 추진해야 합니다.

또한 각국의 통화 가치를 적정 수준으로 유지하고, 통화 정책을 조율하여 글로벌 경제의 균형을 유지하는 것이 필요합니다. 더불어 국제기구를 통한 다자간 협력을 강화하여 글로벌 경제의 균형을 위해 노력해야 합니다.

다자간 협력을 통해 국가 간의 불균형을 해소할 수 있는 정책을 채택할 필요가 있습니다.

2 불균형이 경제 성장과 안정성에 어떤 영향을 미치는가? 특히 개도국에 미치는 영향은 어떠한가?

불균형은 일부 국가나 지역의 과도한 소비나 투자로 인해 경제 성장을 억제할 수 있습니다. 예를 들어, 무역 불균형은 수출국의 경제 성장을 촉진하고 수입국의 소비를 제약하여 둘 사이의 균형을 깨는 결과를 낳을 수 있습니다. 또한 금융 불균형은 금융 시스템의 불안정성을 증가시키고 금융 위기의 발생 가능성을 높일 수 있습니다. 특히 금융 부문에서의 과도한 레버리지와 파생 상품 거래는 금융 위험을 증가시키고 금융 시스템의 안정성을 저해할 수 있습니다.

불균형은 개도국에게도 부정적인 영향을 미칩니다. 개도국은 주로 수출에 의존하고 있으며, 무역 불균형은 개도국이 수출이 저해되고 수입이 증가하여 외환 위기와 경기 침체에 취약해질 수 있습니다.

또한 금융 불균형은 개도국의 금융 시스템에도 영향을 미쳐 금융 위기로 이어질 수 있습니다.

❸ 불균형의 해소를 위해 국제적 협력이 어떻게 이루어져야 하는가? 주요 국가 간의 이해관계와 협력이 중요한가?

주요 국가 간의 통화 정책 조율은 불균형을 해소하는데 중요한 요소입니다. 특히 경제적으로 중요한 국가들의 통화 정책이 서로 호환되도록 조율해야 합니다. 이를 통해 불균형을 완화하고 경제 안정성을 증진시킬 수 있습니다. 또한 무역에서의 불균형은 글로벌 경제의 안정성을 위협할 수 있습니다.

주요 국가 간의 무역 규제 협력을 강화하여 불균형을 해소하고 자유 무역을 증진시켜야 합니다. 이를 위해 국제기구들과의 협력이 필요합니다.

더불어 주요 국가 간의 재정 정책 협력은 경기 파동을 완화하고 불균형을 완화하는데 중요합니다. 경기 파동을 완화하고 불균형을 완화하기 위해 재정 정책을 조율하고 협력하는 것이 필요합니다. 불균형은 주로 주요 국가 간의 문제지만, 개도국에도 큰 영향을 미칩니다. 따라서 주요 국가들은 개도국을 지원하고 협력하여 개도국의 불균형과 경제적 어려움을 해소하는데 노력해야 합니다.

III 반론 제기

1 일부 국가들은 불균형이 자연스러운 경제 현상이라고 주장할 수 있습니다. 따라서 국가들 간의 개입이 필요한가에 대한 의문이 제기될 수 있습니다.

불균형이 경제의 자연스러운 결과로 간주하며, 자유 시장의 원리에 따라 시장이 자동으로 조정될 것이라는 주장은 몇 가지 측면에서 한계가 있습니다.

첫째, 글로벌 경제에서의 불균형은 국가 간의 상호 의존성과 연결되어 있으며, 한 나라의 행동은 다른 국가에도 영향을 미칩니다. 따라서 불균형은 자유 시장이 해결하기 어려운 복잡한 문제입니다.

둘째, 불균형은 개도국과 선진국 간의 격차를 심화시키고, 개도국의 경제적 발전을 저해할 수 있습니다. 이는 지속적인 불안정성과 불평등을 초래할 수 있습니다. 따라서 국가들 간의 개입이 필요합니다.

결국 불균형은 자유 시장의 결과이지만, 이는 정부의 개입 없이는 해결하기 어려운 문제입니다. 국가들은 국제적 협력을 통해 불균형을 완화하고 경제적 안정성을 증진시키는 방안을 모색해야 합니다.

2 불균형 해소를 위한 국제 협력이 실제로 이루어질 수 있는가에 대한 의문이 있을 수 있습니다. 국가 간의 이해관계와 이익 차이로 인해 협력이 어려울 수 있습니다.

앞의 주장은 꽤 현실적입니다. 국가 간의 이해관계와 이익 차이는 국제 협력을 어렵게 만들 수 있습니다. 특히 경제적 이익을 중심으로 한 다양한 이해관계가 존재하며, 이는 불균형 해소를 위한 협력을 제약할 수 있습니다.

또한 각 국가는 자국의 이익을 우선시하기 때문에 자신의 경제적 이익을 위해 다른 국가와의 협력을 꺼릴 수 있습니다. 이는 특히 경제적인 이해관계가 복잡한 다자간 협상에서 실현 가능한 합의를 도출하는 것을 어렵게 만듭니다.

그러나 이러한 어려움에도 불구하고, 국제 사회는 불균형 해소를 위한 협력을 추구해야 합니다. 왜냐면 글로벌 경제의 안정성과 지속 가능한 발전을 위해서는 국가 간의 협력이 필수적입니다. 이를 위해서는 다양한 국가 간의 대화와 협상이 필요하며, 이를 통해 상호 이익을 극대화하고 불균형을 완화할 수 있는 방안을 모색해야 합니다.

IV 대안 제시

1 국제적인 재정 정책과 경제 정책의 조정을 통해 불균형을 해소할 수 있습니다. 특히 경제적으로 취약한 개도국을 지원하고, 무역 규제와 관세 조정 등을 통해 무역 수지 불균형을 개선할 수 있습니다.

2 국제적인 통화 정책 협력을 강화하여 환율 변동을 관리하고, 글로벌 경제의 안정성을 유지할 수 있습니다.

3 국제기구 간의 협력 강화를 통해 국가 간의 긴장을 완화하고, 다자간 협상을 통해 공정한 무역과 금융 시스템을 구축할 수 있습니다.

V 다양한 연관 발표 토론 주제

1 글로벌 자원 분배의 불균형과 개발 도상국의 발전

글로벌 경제의 불균형은 주로 자원의 불균형한 분배로 인해 발생합니다. 발전된 국가들은 자원과 기술을 보유하고 있어 경제적

으로 강력하며, 이로 인해 자본과 기술의 흐름이 발전 도상국으로 향하는 것이 어렵습니다. 이는 개발 도상국의 발전을 저해하고 불균형을 심화시킵니다.

개발 도상국은 자원 부족과 낮은 기술 수준으로 인해 경제적으로 취약합니다. 이러한 상황에서 글로벌 자원 분배의 불균형은 발전 도상국의 발전을 더욱 어렵게 만듭니다. 자원 부족으로 인해 생산력이 제한되고 기술력의 부족으로 인해 혁신과 발전이 억제되기 때문입니다.

따라서 이러한 불균형을 해소하기 위해서는 국제 사회가 개발 도상국의 발전을 적극적으로 지원하고 협력하는 것이 필요합니다. 자원의 공정한 분배와 기술 이전을 통해 발전 도상국의 경제적 자립을 돕는 것이 중요합니다. 또한 글로벌 자원의 사용과 이익 분배에 대한 규제와 투명성을 강화하여 불균형을 완화할 필요가 있습니다. 이를 통해 모든 국가가 공정하고 지속 가능한 발전을 이룰 수 있도록 지원해야 합니다.

2 무역 불균형과 보호 무역주의의 부상

무역 불균형은 한 나라의 수출과 수입 간의 불균형을 의미합니다. 특정 국가가 다른 국가에 비해 수출이나 수입이 지나치게 많은 경우 무역 불균형이 발생하게 됩니다. 이러한 불균형은 글로벌 경제에 부정적인 영향을 미칠 수 있습니다.

무역 불균형이 발생하면 수출이 증가한 국가는 외환 수입이 증가하여 경제 성장을 견인할 수 있지만, 수입이 증가한 국가는 자국 경제에 부정적인 영향을 줄 수 있습니다. 또한 무역 불균형은 국제 경제 관계에 긴장을 유발하고 보호 무역주의의 부상을 촉진할 수 있습니다.

보호 무역주의는 자국 산업을 보호하고 국내 무역 수지 흑자를 유지하기 위해 수출을 증가시키고 수입을 제한하는 경제 정책입니다.

이러한 정책은 다른 국가와의 무역 갈등을 일으키고 국제 무역 환경을 악화시킬 수 있습니다. 또한 보호 무역주의는 경제의 효율성을 감소시키고 국제 경제 협력을 방해할 수 있습니다.

따라서 무역 불균형과 보호 무역주의의 부상은 글로벌 경제에 부정적인 영향을 미칠 수 있으며, 이를 해결하기 위해서는 국제적인 협력과 자유 무역을 촉진하는 정책이 필요합니다. 이를 통해 상호 협력과 국제 경제의 안정성을 증진시킬 수 있습니다.

❸ 환율 불균형과 글로벌 금융 시장의 불안 요인

환율 불균형은 특정 국가의 통화가 다른 국가의 통화에 비해 지나치게 강하거나 약할 때 발생합니다. 이러한 불균형은 글로벌 경제에 영향을 미칩니다.

강한 통화는 수출 촉진을 어렵게 하고 수입을 촉진하여 무역의 불균형을 야기할 수 있습니다. 반면 약한 통화는 수출을 촉진하고 경상 수지 흑자를 유발할 수 있지만, 물가 상승과 외환 위험을 초래할 수 있습니다.

환율 불균형은 글로벌 금융 시장의 불안 요인 중 하나입니다. 특히, 강세나 약세의 급격한 변동은 투자자들에게 불안을 유발할 수 있으며, 이로 인해 자본 유출이나 투기 활동이 증가하여 금융 시장 불안을 가중시킬 수 있습니다. 또한 환율 불균형은 다양한 경제 주체들 간의 리스크를 증가시키고 글로벌 금융 위기의 발생 가능성을 높일 수 있습니다.

29 사회적 소수자의 인권 보호와 사회 통합

I 주요 내용과 주장

사회적 소수자는 다양한 이유로 사회적으로 제외되거나 소외된 개인 또는 집단을 말합니다. 이들은 인종, 성별, 성적 지향, 성정체성, 장애 등 다양한 이유로 인권 침해를 경험할 수 있습니다. 인권 보호는 이들의 기본적인 권리를 보장하고, 차별과 폭력으로부터 보호해야 합니다.

사회 통합은 모든 개인이 자유롭고 공평하게 사회에 참여할 수 있는 상태를 말합니다. 사회 통합은 경제적, 정치적, 문화적 차별을 줄이고, 사회의 다양성을 인정하여 상호 이해와 협력을 촉진합니다.

II 토론 발표의 주요 질문과 쟁점

1 어떤 요인이 사회적 소수자에 대한 차별과 폭력을 유발하는가?

이에 대한 대응책은 무엇인가?

사회적 소수자에 대한 편견과 선입관은 차별과 폭력의 원인 중 하나입니다. 이는 문화, 교육, 미디어 등을 통해 형성될 수 있습니다. 사회적 소수자에 대한 차별과 폭력은 종종 권력과 지위를 남용하는 것에 기인합니다. 이는 인종, 성별, 성 정체성, 성적 지향 등의 요인에 따라 발생할 수 있습니다.

다양성에 대한 교육과 인식 개선은 사회적 소수자에 대한 차별과 폭력을 예방하는데 효과적입니다. 학교, 기업, 커뮤니티에서의 교육 프로그램을 강화하여 다양성과 포용성에 대한 인식을 확대해야 합니다.

차별과 폭력에 대한 법적 제재를 강화하여 가해자들을 처벌하고, 피해자들을 보호해야 합니다.

또한 사회적 소수자의 인권을 보호하는 법률과 제도를 개선하여 차별을 예방할 수 있는 환경을 조성해야 합니다. 더불어 사회적 소수자가 자신의 의견을 표현하고, 사회에 적극적으로 참여할 수 있는 기회와 자원을 제공해야 합니다.

❷ 정부는 어떻게 사회적 소수자의 인권을 보호하고 사회 통합을 촉진할 수 있는가?

정부는 사회적 소수자의 인권을 보호하기 위해 법적 제도를 강화해야 합니다. 이는 차별 금지법의 강화, 인권 침해에 대한 엄격한 처벌, 그리고 사회적 소수자의 권리를 보장하는 법률 및 정책 개선 등을 포함합니다.

또한 정부는 사회적 소수자를 위한 특별한 정책과 프로그램을 수립하고 시행해야 합니다. 예를 들어 교육, 일자리, 주거, 의료 등의 분야에서 사회적 소수자의 권리와 필요를 고려한 정책을 마련해야 합니다.

정부는 차별을 감소시키기 위한 다양한 정책과 프로그램을 적극적으로 추진해야 합니다. 이는 다양성 증진을 위한 교육과 국가적 캠페인, 공공시설의 접근성 향상 등을 포함합니다. 또한 사회적 소수자의 참여를 촉진하고 그들의 목소리를 듣기 위해, 공공 의사 결정 과정에 사회적 소수자가 적극적으로 참여할 수 있는 기회를 제공해야 합니다.

❸ 사회적 소수자에 대한 인식과 태도를 개선하기 위해 어떤 교육과 문화적 변화가 필요한가?

교육 기관에서 다양성과 포용성을 강조하는 교육 프로그램을 도입하여 학생들에게 사회적 소수자에 대한 이해와 존중의 중요성을 가르쳐야 합니다. 역사 교육을 통해 다양한 문화와 이민 역사를 다루고, 사회적 소수자의 고통과 역할을 강조하여 인식을 개선해야 합니다.

미디어는 사회적 소수자에 대한 인식을 형성하는데, 큰 영향을 미칩니다. 다양성과 포용성을 적극적으로 반영하는 미디어 콘텐츠를 생산하고 보급함으로써 사회적 소수자에 대한 긍정적인 인식을 촉진해야 합니다.

또한 사회적 소수자를 포함한 다양한 인물과 이야기를 다루는 문화 이벤트와 프로그램을 증가시켜 다양성을 경험하고 이해할 수 있는 기회를 제공해야 합니다.

III 반론 제기

❶ 사회 통합을 위한 정책이 개인의 자유를 제한할 수 있는가? 개인이 자유와 사회적 안전의 균형은 어떻게 유지되어야 하는가?

사회 통합을 위한 정책은 종종 개인의 특정 행위나 선택을 제한하는 경우가 있을 수 있습니다. 예를 들어, 특정 집단에 대한 차별 금지 법률은 개인의 표현의 자유를 제한할 수 있습니다. 그러나 이러한 경우에는 균형을 유지하고자 법률의 명확한 기준과 공정한 절차가 필요합니다.

개인의 자유와 사회적 안전은 상호 보완적인 요소로써 유지되어야 합니다. 개인의 자유는 사회적 안전을 훼손하지 않는 범위 내에서 보장되어야 합니다.

또한 정부는 사회 통합을 위한 정책을 수립할 때 개인의 자유와 사회적 안전을 균형 있게 고려해야 합니다. 이는 각 개인의 권리와 책임을 고려하며, 모든 이들의 자유와 안전을 존중하는 방향으로 나아가야 합니다.

2 사회적 소수자의 차별은 자본주의 시스템의 결과로 볼 수 있는가? 그렇다면 이를 해결하기 위해 어떤 조치가 필요한가?

자본주의 시스템은 이익 추구와 경쟁을 중심으로 한 경제 체제로, 이는 사회적 소수자의 차별을 촉진할 수 있습니다. 이는 부의 불균형과 경제적 격차로 이어지며, 특히 사회적 소수자들이 경제적 자원과 기회에 대한 접근을 제한받을 수 있습니다.

자본주의 시스템 내에서도 포용적인 정책을 수립하여 모든 이들이 공정한 경제적 기회와 자원에 접근할 수 있도록 해야 합니다. 이는 교육, 일자리 창출, 소득 보장 등의 정책을 통해 이루어질 수 있습니다.

또한 사회적 소수자를 보호하고 차별을 예방하기 위해 법적 규제와 보호 기구를 강화해야 합니다. 이는 노동법, 인권법, 차별 금지법 등의 강화를 통해 이루어질 수 있습니다. 더불어 경제적 투자가 필요한데, 이는 사회적 소수자들을 위한 프로그램 및 서비스의 제공과 경제적 기회의 확대를 통해 이루어질 수 있습니다.

IV   대안 제시

1 사회적 소수자에 대한 인식을 개선하기 위해 학교에서 다양성 교육을 강화하고, 미디어와 엔터테인먼트 산업에서 다양성을 적극적으로 반영하도록 노력해야 합니다.

2 차별과 폭력에 대한 법적 제재를 강화하고, 사회적 소수자의 인권을 보호하는 법률과 제도를 개선해야 합니다.

3 사회적 소수자가 사회에 참여할 수 있는 기회와 자원을 제공하고, 그들의 의견을 존중하고 수용함으로써 사회적 통합을 촉진해야 합니다.

V 다양한 연관 발표 토론 주제

1 다양성과 포용적 사회

다양성과 포용적 사회는 사회적 소수자의 인권 보호와 사회 통합을 촉진하는 중요한 요소입니다. 다양성은 각종 차별 요인에 상관없이 모든 개인이 고유한 정체성을 가지고 있음을 인정하는 것을 의미하며, 포용적 사회는 이러한 다양성을 존중하고 포용하는 사회적 환경을 조성하는 것입니다.

이를 통해 사회적 소수자들은 자신의 정체성을 자유롭게 표현하고 권리를 보장받을 수 있으며, 사회적 통합이 실현됩니다. 다양성과 포용을 증진시키는 정책과 노력은 사회적 소수자들이 사회에 참여하고 자신을 실현할 수 있는 기회를 제공하여 인권을 보호하고 사회 통합을 촉진합니다.

2 사회적 정의와 불평등

사회적 정의는 모든 개인이 공정하게 대우받고 기회의 평등을 누릴 수 있는 사회적 환경을 말합니다. 이것은 사회적으로 가장 취약한 이들을 보호하고 사회적 소수자의 권리를 존중하는 것을 의미합니다.

불평등은 사회적 정의를 방해하는 주요 요인 중 하나로, 인종, 성별, 성 정체성, 경제적 신분 등 다양한 요인에 의해 발생할 수 있습니다.

따라서 사회적 정의를 실현하기 위해서는 불평들을 해소하고 모든 개인이 동등한 기회를 가질 수 있도록 해야 합니다.

3 성 소수자의 권리와 안전

성 소수자의 권리와 안전은 사회적 소수자의 인권 보호와 사회 통합을 위해 중요한 쟁점입니다. 성 소수자는 자신의 성 정체성이나 성적 지향으로 인해 차별과 혐오에 직면할 수 있습니다. 이에 대한 대응으로는 성 소수자의 권리를 보장하고 안전을 지키기 위한 법률과 정책이 필요합니다.

또한 성 소수자를 위한 안전한 공간과 지원 체계를 구축하여 성 소수자가 자유롭고 안전하게 사회에 참여할 수 있도록 해야 합니다. 이러한 노력은 성 소수자가 인권을 보호받고 사회적으로 통합되는 데 도움이 됩니다.

4 장애인의 권리와 접근성

장애인의 권리와 접근성은 사회적 소수자의 인권 보호와 사회 통합을 위해 중요한 주제입니다. 장애인은 사회적, 경제적, 문화적으로 여러 가지 장벽에 직면할 수 있습니다. 이에 대한 대응으로는 장애인의 권리를 보장하고 접근성을 확보하는 법률과 정책이 필요합니다.

또한 공공시설 및 서비스, 교통수단 등에서의 장애인을 위한 적절한 접근성을 보장하여 그들이 사회의 일원으로 참여할 수 있도록 해야 합니다. 이러한 노력은 장애인이 자립하고 존엄하게 살 수 있도록 지원하며, 사회적 통합을 촉진하는데 중요한 역할을 합니다.

5 이주자와 난민의 권리와 통합

이주자와 난민의 권리와 통합은 사회적 소수자의 인권 보호와 사회 통합을 위해 중요한 주제입니다. 이주자와 난민은 종종 새로운 사회에서의 경제적, 사회적, 문화적인 장애물에 직면할 수 있습니다. 따라서 정부 및 국제기구는 이주자와 난민의 인권을 보호하고 그들의 사회 통합을 촉진하기 위한 정책과 프로그램을 개발해야 합니다.

이주자와 난민의 권리를 보장하기 위해서는 먼저 국제 인권법과 국내법에 따라 그들의 기본적인 인권을 보장해야 합니다. 이에 더불어, 이주자와 난민의 사회적 통합을 위해 교육, 직업 훈련, 언어 교육 등의 지원이 필요합니다. 이러한 프로그램은 이주자와 난민이 새로운 사회에서 자립하고 경제적으로 안정을 찾을 수 있도록 돕습니다.

또한 사회적 통합을 위해서는 다문화주의 정책과 다양성을 존중하는 문화를 조성해야 합니다. 이주자와 난민을 받아들이는 사회는 그들의 다양한 문화적 배경과 신념을 존중하고 포용해야 합니다. 이를 통해 이주자와 난민은 자신의 정체성을 유지하면서도 새로운 사회에 적응할 수 있게 됩니다.

미디어의 역할과 책임
: 허위 정보 대응과 공정한 보도

I 주요 내용과 주장

미디어는 사회에 정보를 전달하고 대중의 의견 형성에 영향을 미칩니다. 따라서 미디어는 공정성과 신뢰성을 유지해야 합니다. 허위 정보는 사회에 해를 끼칠 수 있으므로, 미디어는 허위 정보를 식별하고 교정하는 역할을 해야 합니다. 사실 확인과 근거 있는 보도가 필요합니다.

또한 미디어는 다양한 의견을 존중하고 균형 있게 보도해야 합니다. 언론의 자유는 존중되어야 하지만, 그것은 공정성과 조화를 유지하는 한에서여야 합니다.

II 토론 발표의 주요 질문과 쟁점

1 허위 정보의 식별과 대응 방안은 무엇인가? 허위 정보를 식별하는 기준과 그에 대한 대응 방안은 무엇이 있을까?

237

허위 정보를 식별하기 위한 주요 기준은 사실 확인과 근거입니다. 정보의 출처를 확인하고, 다른 신뢰할 만한 출처에서 확인이 가능한지 검토해야 합니다. 특히 과학, 의학, 정치 등 특정 분야의 정보는 해당 분야의 전문가의 의견을 검토하여 신뢰할 수 있는지를 판단해야 합니다. 허위 정보는 종종 일관성이 떨어지거나 다양한 출처에서 확인되지 않는 경우가 있습니다. 따라서 정보의 일관성과 출처의 다양성을 확인하는 것도 중요합니다.

허위 정보가 발견되면 해당 정보를 보정하고 반박하는 것이 중요합니다. 미디어가 허위 정보에 대해 사실 확인을 하고 공개적으로 보정하는 것은 신뢰를 회복하는데 도움이 됩니다. 미디어 소비자들에게 허위 정보를 식별하는 방법을 교육하고 정보를 확산하는 것이 필요합니다. 대중에게 정보 소비의 책임을 부여하고, 비판적 사고 능력을 갖추도록 도와야 합니다.

인공 지능과 기술을 활용하여 허위 정보를 식별하고 차단하는 기술적 대응 방안도 중요합니다. 알고리즘을 개선하여 허위 정보의 확산을 억제하고, 소셜 미디어 플랫폼이나 검색 엔진에서의 허위 정보에 대한 대응 기능을 강화해야 합니다.

2 공정한 보도를 위한 조치는 무엇인가? 다양한 의견을 반영하면서도 공정성을 유지하기 위한 방법은 무엇인가?

공정한 보도를 위해서는 다양한 소스를 활용해야 합니다. 한 측면만을 강조하는 것이 아니라 다양한 의견과 시각을 반영하는 보도가 필요합니다. 공정한 보도를 위해서는 사실 확인과 근거 제시가 중요합니다. 보도되는 정보에 대한 출처와 근거를 명확히 밝힘으로써 보도의 신뢰성을 높일 수 있습니다. 특정 주제에 대한 전문가의 의견을 수용하여 공정성을 유지할 수 있습니다. 전문가의 견해를 토대로 사실을 확인하고 의견을 제시함으로써 보도의 신뢰성을 높일 수 있습니다.

오해나 오류가 발생한 경우 즉각적으로 보정하는 것이 중요합니다. 이를 통해 독자들에게 정확한 정보를 제공하고 신뢰를 회복할 수 있습니다. 언론이 특정 이익이나 정치적 입장을 선호하는 것은 피할 수 없지만, 이를 최대한 중립적으로 다루고 균형 있는 보도를 지향해야 합니다. 공정한 보도를 유지하기 위한 가이드라인을 제시하고, 이를 통해 기자들이 편향성 없는 보도를 할 수 있도록 지원해야 합니다.

III 반론 제기

1 언론의 자유와 공정성 간의 균형은 어떻게 유지되어야 하는가? 언론의 자유를 지키면서도 공정성을 유지하는 것은 쉽지 않은 문제입니다.

언론의 자유는 사회의 다양한 의견과 정보를 자유롭게 전달할 수 있는 기반이 됩니다. 그러나 언론의 자유를 유지하면서 공정성을 유지하는 것은 어려운 문제입니다. 언론이 특정 이해 당사자의 영향을 받거나, 경제적 이해를 우선시하거나, 정치적 성향을 반영할 수 있기 때문입니다.

언론의 자유와 공정성을 유지하기 위해서는 자유와 책임이라는 상충하는 가치들을 조화시켜야 합니다. 자유로운 보도와 공정성은 종종 언론의 독립성과 책임성에 따라 제한되거나 균형을 맞춰야 합니다. 언론 자체가 보도의 공정성과 질을 유지하기 위한 기준을 마련하고, 외부의 감시와 평가를 받아야 합니다.

민주 사회에서는 시민들이 언론을 주시하고 평가하는 역할이 중요합니다. 시민들이 다양한 언론을 비교하고 평가함으로써 보도의 공정성을 유지하는데 일조할 수 있습니다.

2 허위 정보와 실수의 경계는 어디인가? 어떤 정보가 실수로 인한 것이고 어떤 것이 의도적으로 퍼져나가는 허위 정보인지를 구분하는 것이 중요합니다.

허위 정보는 의도적으로 거짓 정보를 전파하는 것을 의미하며, 주로 사실 확인 없이 혹은 악의적인 목적으로 전달됩니다. 반면에 실수는 의도하지 않고 오해나 잘못된 정보를 전달하는 것입니다.

허위 정보는 의도적으로 퍼져나가는 경우가 많으며, 해당 정보의 출처를 확인하거나 사실 여부를 검증하지 않고 전파됩니다. 반면에 실수는 일반적으로 의도하지 않은 오류로 인해 발생하며, 정보를 전달할 때 충분한 근거나 확인 절차를 거치지 않은 경우가 대부분입니다.

240

허위 정보와 실수의 구분은 종종 반복되는 패턴과 피드백에 의해 이루어집니다. 실수의 경우, 오류가 발견되면 즉시 수정되고 보정될 수 있습니다. 그러나 허위 정보는 의도적으로 전파되므로 수정이나 보정이 어렵습니다. 허위 정보와 실수를 구분하는 것은 정보의 신뢰성을 결정하는 중요한 요소입니다. 정보의 출처와 의도를 신중하게 판단하고, 가능한 한 다양한 소스를 참고하여 정보를 확인하는 것이 중요합니다.

IV 대안 제시

1 교육과 정보 확산: 미디어 소비자들에게 허위 정보를 식별하고 대응하는 방법을 교육하는 것이 중요합니다.

교육을 통해 미디어 소비자들에게 허위 정보에 대한 의심을 키우고, 정보를 받아들이기 전에 충분한 검증과 사고를 하도록 비판적 사고 능력을 갖추도록 도와야 합니다. 정보의 출처와 신뢰도를 판단하고, 다양한 소스를 참조하여 정보를 검증할 수 있는 능력을 키워야 합니다.

디지털 시대에는 허위 정보가 쉽게 확산되므로, 온라인에서의 정보 식별과 보안, 사이버 스팸과 피싱 사기에 대한 경각심을 높이는 등의 디지털 리터러시 교육이 필요합니다. 또한 미디어 소비자들에게 어떤 정보가 특정 목적을 위해 조작될 수 있다는 것을 이해시키고, 정보를 받아들일 때 항상 다양한 시각과 의견을 고려하

241

도록 유도해야 합니다.

2 자율 규제와 협력: 미디어 기관과 정부, 시민 사회 단체 간의 협력을 강화하여 허위 정보 대응에 힘을 모아야 합니다.

미디어 기관은 자율적인 규제와 윤리 기준을 마련하여 허위 정보에 대한 대응 능력을 강화해야 합니다. 이를 통해 보도의 품질과 신뢰성을 유지할 수 있으며, 사회적 책임을 충실히 수행할 수 있습니다. 정부는 미디어 기관과 협력하여 허위 정보 대응을 위한 정책과 지원을 제공함으로써, 미디어 환경의 개선과 보도의 공정성을 증진할 수 있습니다.

시민 단체는 미디어의 공정성을 감시하고, 허위 정보에 대한 대응을 촉진하는 역할을 합니다. 미디어 기관과 시민 사회 단체 간의 협력을 강화하여 허위 정보 대응을 위한 노력을 모음으로써 미디어의 역할과 책임을 보다 효과적으로 수행할 수 있습니다. 각 기관이 가진 정보와 자원을 공유하고 협력하여 허위 정보를 식별하고 대응하는데 효과적으로 활용해야 합니다.

V 다양한 연관 발표 토론 주제

1 소셜 미디어의 역할과 책임: 소셜 미디어 플랫폼은 어떤 역할과 책임을 가지고 있으며, 허위 정보에 대한 대응은 어떻게 이루어져야 하는가?

소셜 미디어 플랫폼은 정보의 출처를 명시하고, 검증된 정보를 우선적으로 제공하는 정책을 도입하여 정보의 정확성과 신뢰성을 강화해야 합니다.

소셜 미디어 플랫폼은 자동화된 알고리즘과 사용자 신고 시스템을 통해 빠르게 허위 정보를 식별하고 삭제하는 것이 필요합니다. 또한 신뢰할 수 있는 팩트 체크 기관과의 협력을 강화하여 정보의 검증을 보다 효과적으로 진행할 필요가 있습니다.

소셜 미디어 플랫폼은 다양한 의견과 관점을 포용하고, 혐오 발언 및 극단주의적 내용을 확산을 방지하기 위하여 사용자들의 다양한 의견을 존중하고 대화와 토론의 장을 제공하여 미디어의 역할을 적극적으로 수행해야 합니다.

또한 소셜 미디어 기업은 자체적으로 투명하고 책임감 있는 운영을 추구하기 위해 의사 결정 과정의 투명성을 높이고, 사용자들에게 적절한 설명과 안내를 제공해야 합니다. 플랫폼의 이용 약관과 정책을 명확히 공지하여 사용자들의 이해를 돕는 것이 중요합니다.

2 언론의 다양성과 공정성: 언론이 다양한 의견을 반영하면서도 공정성을 유지하는 것은 어떤 도전과 과제를 안고 있는가?

언론은 다양한 정치적, 사회적, 문화적 배경을 가진 다양한 의견과 관점을 반영해야 합니다. 다양성을 동해 보도되는 정보와 의견이 사회의 다양성을 대변하고, 다양한 사회 구성원들의 의견을 존중하며 공론의 장을 제공할 수 있습니다.

언론은 정치적이고 경제적 이해관계를 고려하여 편견과 편향을 방지해야 합니다. 공정성은 사실을 근거로 한 보도와 객관적인 분석을 통해 현상을 이해하고 설명하는 것을 의미합니다. 이를 통해 언론은 독립성과 공정성을 유지하고 사회적 정의와 공익을 위해 노력해야 합니다.

다양성은 소수자의 의견과 이야기를 강화하고 그들의 권리와 이익을 보호하는 것을 포함합니다. 언론은 다양한 사회적 그룹의 목소리를 청취하고 그들의 경험과 관점을 반영하여 보도함으로써 사회적 평등과 인권을 증진할 수 있습니다. 사회의 다양성을 존중하고 다양한 문화적, 인종적 배경을 가진 사람들의 이야기를 다루면서 인종, 성별, 종교, 성적 지향 등 다양한 측면의 사회적 다양성을 존중하고 인권을 증진할 수 있습니다.

31 인권과 인종 평등

: 인종, 성별, 성적 지향 등 다양한 인권 문제에 대한 사회적 시각과 대응책

I 주요 내용과 주장

인권 문제의 다양성을 강조하고, 인종, 성별, 성적 지향 등 다양한 측면에서의 인권 문제에 대해 다룹니다. 이를 통해 사회적 시각의 다양성을 이해하고 다양한 인권 문제에 대한 인식을 확장하는 것이 중요합니다.

다양한 인권 문제에 대한 대응책과 정책을 논의합니다. 이는 교육, 법과 제도의 개선, 사회적 운동의 활성화 등 다양한 측면에서 논의가 이루어집니다.

II 토론 발표의 주요 질문과 쟁점

1 인종, 성별, 성적 지향 등 다양한 인권 문제에 대해 어떻게 사회적 시각이 형성되는가?

사회적 시각은 문화, 역사, 경험 등 다양한 요인에 의해 영향을 받습니다. 이러한 요인들은 인권 문제에 대한 인식과 태도를 형성하고 영향을 미칩니다. 또한 매스 미디어, 정치적 리더십, 교육 등의 영향도 크게 작용하여 사회적 시각을 형성합니다.

다양성 있는 사회적 시각은 종종 갈등을 초래할 수 있습니다. 이는 인종, 성별, 성적 지향 등의 차별적 대우에 대한 관점의 충돌로 나타날 수 있습니다. 갈등을 해소하기 위해서는 상호 이해와 대화가 필요합니다. 교육과 다양성 증진 프로그램을 통해 사회적 시각의 다양성을 인식하고 존중하는 문화를 조성할 필요가 있습니다.

사회적 시각은 시대적, 문화적 변화에 따라 변화해야 합니다. 새로운 지식과 경험을 통해 인종, 성별, 성적 지향 등의 인권 문제에 대한 시각이 업데이트되어야 합니다. 또한 사회적 시각을 발전시키기 위해서는 교육과 정보 제공, 인권 보호 단체의 활동, 정부의 정책들이 필요합니다.

2 다양한 인권 문제에 대한 인식의 차이와 그에 대한 대응책은 무엇인가?

사회적, 문화적 배경, 교육 수준, 경험 등의 다양한 요인으로
인해 각 개인과 집단은 인권 문제에 대한 인식이 다를 수 있습니
다. 인권 문제에 대한 이해의 차이는 사회적 갈등을 야기하고, 불
평등을 심화시킬 수 있습니다.

인권 교육과 인식 개선프로그램을 통해 사람들에게 다양한 인
권 문제에 대한 이해를 촉진하고 인권의 중요성을 강조해야 합니
다. 또한 다양성을 존중하고 포용하는 문화를 조성하여 모든 사
람이 동등하게 대우받을 수 있는 환경을 조성해야 합니다. 더불어
차별금지 법률을 강화하고, 인권 보호를 위한 정책을 개선하여 모
든 사람의 인권을 보호하고 지원해야 합니다.

**❸ 정책 제안은 어떻게 다양한 인권 문제에 대한 대응을 보다 효과
적으로 이룰 수 있는가?**

모든 인권 문제에 대한 통합적이고 포용적인 접근이 필요한데,
단일 이슈에 초점을 맞추는 것이 아니라 인종, 성별, 성적 지향 등
다양한 인권 문제를 종합적으로 고려해야 합니다. 또한 다양성 증
진 및 인권 교육을 강화하여 사람들이 다양성을 이해하고 존중하
는 문화를 조성해야 합니다. 더불어 모든 정책과 서비스는 성별,
인종, 성적 지향 등의 다양성을 고려하여 구성되어야 합니다.

정책의 효과적인 구현을 위해 모니터링과 평가, 사회적 참여와
협력, 법률적 보호의 강화가 필요합니다. 이러한 노력 들을 통해
사회적 평등과 인권 보장을 실현할 수 있을 것입니다.

III 반론 제기

1 일부 사람들은 특정 인권 문제에 더 많은 주의를 기울이는 것이 오히려 사회적 분열을 가중시킬 수 있다고 주장합니다.

인권 문제는 서로 연관되어 있으며 하나가 무시되면 다른 문제들로 악화될 수 있습니다. 예를 들어, 인종 문제가 무시된다면 이로 인해 특정 인종 집단이 공정한 기회와 대우를 받지 못하게 되어 사회적 분열이 심화될 수 있습니다.

또한 인권 문제에 대한 주의는 사회적 포용과 평등을 중재하는데, 중요한 역할을 합니다. 특정 인권 문제에 대한 관심은 소수자 집단의 권리를 보장하고 사회적 다양성을 존중함으로써 사회의 융합을 촉진할 수 있습니다.

더불어 사회적 다양성은 현대 사회의 필수적인 요소이며, 인종, 성별, 성적 지향 등 다양한 측면을 고려해야 합니다. 특정 인권 문제에 대한 주의는 다양한 집단의 목소리를 듣고 그들의 권리를 보장함으로써 사회적 통합과 조화를 촉진할 수 있습니다.

2 일부 인권 문제에 대한 대응책이 다른 인권 문제를 무시하거나 간과할 수 있다는 우려가 있습니다.

인권은 보편적이며 상호 연관적인 개념입니다. 따라서 특정 인권 문제에 대한 대응책이 다른 인권 문제를 간과하는 것은 인권 이해의 기본 원칙을 위배하는 것입니다. 인권 문제에 대한 종합적이고 포용적인 접근이 필요합니다.

특정 인권 문제에만 집중하여 다른 문제를 무시하면 소수자 집단의 권리를 보장하지 못하고, 사회적 분열과 불평등을 심화시킬 수 있습니다. 다양한 인권 문제를 고려한 종합적이고 효과적인 대응책이 필요합니다. 이를 통해 사회적 다양성을 존중하고 포용하는 사회를 구축할 수 있습니다.

IV 대안 제시

1 모든 인권 문제에 대한 사회적 인식과 대응책을 평등하게 강화하는 것이 중요합니다. 이를 위해 교육과 정보 제공, 사회적 대화의 활성화, 정부 및 비정부 기구의 협력 등이 필요합니다.

2 또한 특정 인권 문제에 대한 대응책을 마련할 때 다른 인권 문제를 간과하지 않도록 주의해야 합니다. 종합적이고 균형 있는 접근이 필요합니다.

V 다양한 연관 발표 토론 주제

1 인종 차별과 경제적 격차

인종 차별이 경제적 격차에 직결되는 한 가지 요인으로 작용합니다. 예를 늘어, 인종 차별로 인해 일부 인구 집단이 교육, 일자리, 주거 등의 기회를 제한받으면 경제적인 성공에 도달하기 어려워집니다. 또한 인종 차별로 인해 특정 인구 집단이 경제적 자본과 자산에 대한 접근성이 제한될 수 있습니다. 이로 인해 재산 축적과 경제적 안정성 달성이 어려워지며, 경제적 격차가 더욱 벌어질 수 있습니다.

더불어 구조적인 문제를 해결하기 위해서는 제도적인 변화와 정책적 개입이 필요합니다. 단순히 개인의 노력과 능력에만 의존하는 것은 구조적 불평등을 해결하지 못할 수 있습니다. 평등한 기회를 보장하고 인종의 다양성을 증진하기 위한 노력이 인종 차별과 경제적 격차를 줄일 수 있습니다.

2 성별 평등과 직장 내 성차별

여전히 많은 나라에서 여성이 상대적으로 더 낮은 급여를 받고, 승진 기회가 제한되는 등의 성차별이 존재하는 것이 현실인데, 이는 경제적으로 불평등한 결과를 낳을 수 있습니다. 성차별은 사회적으로 형성된 편견과 문화적 요인에 영향을 받습니다.

예를 들어, 여성이 가사노동을 주로 맡아서 경력 단절이 발생하고 이로 인해 직장에서 승진 기회를 놓치는 경우가 많습니다. 직장 내 성차별은 기업의 생산성을 저하시키고, 근로자들의 생산적 잠재력을 제한합니다. 이는 전반적인 경제 성장에 부정적인 영향을 미칠 수 있습니다.

성차별을 없애고 평등한 근로 환경을 조성하기 위해 성별 중립적인 채용 및 승진 프로세스를 도입해야 합니다. 가사노동과 경력

250

단절을 고려한 유연한 근무 제도와 육아 휴직 제도 등의 가족 친화적 정책을 시행해야 합니다.

3 성적 소수자의 권리와 사회적 수용

성적 소수자에는 LGBTQ+커뮤니티의 일부가 포함됩니다. 이들은 결혼, 입양, 근로 환경에서의 차별 등 다양한 분야에서 권리를 침해당할 수 있습니다. 사회적 수용은 성적 소수자가 자신을 안전하게 표현하고 편안하게 살 수 있는 환경을 조성하는데 중요합니다. 이는 정체성에 대한 자부심을 높이고 사회적 차별을 줄이는데 도움이 됩니다. 많은 상황에서는 아직까지 성적 소수자에 대한 편견과 차별이 존재합니다. 이에 대한 인식 변화와 교육을 통해 사회적 수용을 증진시키는 것이 필요합니다.

이에 대한 대안으로는 성적 소수자에 대한 교육과 인식 증진을 통해 사회적 수용을 증진시킬 필요가 있습니다. 학교, 기업, 정부 등에서 다양한 교육 프로그램과 캠페인을 통해 성적 소수자에 대한 이해를 높이는 것이 중요합니다. 성적 소수자에 대한 법적 보호를 강화하여 차별과 폭력을 방지하는데 효과적으로 대응해야 합니다. 이는 성 소수자의 권리를 보호하고 사회적 안전을 확보하는데 도움이 될 것입니다.

4 장애인의 인권과 집근성 문제

장애인도 다른 사람과 동등한 권리를 가지고 있으며, 이를 보장하는 것은 인권의 기본 원칙입니다. 그러나 현실에서는 여전히 장애인의 권리가 침해되고 있는 경우가 많습니다. 장애인을 위한 공공시설, 교통수단, 정보 등의 접근성이 부족하거나 제한되어 있는데, 이는 장애인이 사회 및 경제적으로 소외되고 사회적으로 차별받는데 기여합니다. 장애인의 권리를 보장하기 위해서는 공간 및 시설의 접근성을 향상시키는 것이 필요합니다. 더불어 교육, 고용, 의료 등 다양한 분야에서 장애인의 참여와 권리를 증진시키는데 노력해야 합니다.

장애인의 접근성을 향상시키기 위한 법적 규제와 정책을 강화해야 하는데, 이는 건물과 시설의 접근성 향상, 교통수단의 장애인 친화적 환경 조성 등을 포함합니다. 장애인에 대한 사회적 인식을 개선하기 위해 교육과 홍보 활동을 강화하여, 장애인이 평등한 구성원으로 인정되고 그들의 권리가 보장되어야 한다는 인식을 확산시키는 것이 중요합니다.

32 조직 내 역할 갈등 해소 전략

I 주요 내용과 주장

역할과 기대에 대한 명확한 이해를 위해 조직 내 의사소통 채널을 개선하는 것이 중요합니다. 이를 통해 역할 충돌을 예방하고 조정할 수 있습니다.

각 구성원의 역할과 책임을 명확히 정의하고 문서화하여 혼란을 방지해야 합니다. 역할 규정의 명확화는 업무 효율성과 협업을 증진시킬 수 있습니다.

역할 갈등이 발생할 경우, 유연한 태도와 상호 협력을 통해 해결할 수 있는 능력을 키우는 것이 중요합니다. 이는 조직 내 문제 해결 능력을 향상시킬 수 있습니다.

II 토론 발표의 주요 질문과 쟁점

▌1 역할 갈등이 발생하는 이유는 무엇인가?

조직 내부에서 각 구성원들이 자신의 역할과 책임을 명확히 이해하지 못할 경우, 역할 갈등이 발생할 수 있습니다. 역할이 중복되거나 겹치거나, 반대로 부족한 경우에도 갈등이 발생할 수 있습니다. 또한 역할에 대한 명확한 의사소통이 부재할 경우, 구성원들 간의 기대와 요구 사항이 모호해지고 역할 갈등이 발생할 수 있습니다.

조직 내에서 자아 중심적인 태도를 가진 구성원들은 자신의 이익을 우선시하고 다른 구성원들과의 협력보다는 개인의 성과를 중시할 가능성이 높은데, 이는 역할 갈등을 유발할 수 있습니다. 조직 내 다양한 문화적, 성격적 차이로 인해 역할 갈등이 발생할 수 있습니다. 각자의 배경과 가치관이 다른 경우, 역할에 대한 이해와 실행 방식에서 충돌이 발생할 수 있습니다. 조직의 변화나 불확실성이 높은 상황에서는 역할과 책임이 모호해지고, 구성원들의 역할 간섭이나 겹침이 증가할 수 있습니다.

② 역할 갈등을 예방하고 해소하기 위한 가장 효과적인 전략은 무엇인가?

각 구성원의 역할과 책임을 명확히 정의하고 문서화하여 혼란을 방지하는 것이 중요합니다. 또한 역할에 대해 이해를 높이기 위해 지속적인 의사소통을 강화하는 것이 필요합니다. 특히 역할 충돌이 예상되는 상황에서는 명확한 의사소통 채널을 유지하는 것이 중요합니다.

역할 강등이 발생할 경우, 유연한 태도와 상호 협력을 통해 해결할 수 있는 능력을 키우는 것이 중요합니다. 역할 갈등이 예방되지 않았을 때도, 상호 간의 협력과 타협을 통해 효과적으로 해결할 수 있습니다. 이를 위해 조직 내부의 협력적인 문화를 유지하고, 팀워크를 강조하는 것이 필요합니다.

조직 내부의 리더십은 역할 갈등을 예방하고 해소하는 데 핵심적인 역할을 합니다. 리더는 역할 간 충돌이 발생할 경우 중재자로서의 역할을 수행하고, 구성원 간의 의견을 조정하며 해결책을 모색해야 합니다. 리더는 또한 역할과 책임에 대한 명확한 방향을 제시하여 구성원들에게 안정감을 줄 수 있습니다.

역할 갈등이 발생할 경우, 이를 건강하게 관리하고 해결하는 것이 중요합니다. 합리적인 충돌은 새로운 아이디어를 발굴하고 창의적인 해결책을 모색하는 데에 도움을 줄 수 있습니다. 따라서 조직은 구성원들 간의 의견 충돌을 긍정적인 방향으로 이끌어 내는 문화를 구축해야 합니다.

❸ 역할 갈등의 해결을 위해 조직의 리더십이 어떤 역할을 해야 하는가?

리더십은 역할 갈등이 발생할 경우 중재자 역할을 수행해야 합니다. 이는 모든 관련 이해관계자들의 의견을 수렴하고 존중하는 것을 의미합니다. 리더는 역할 갈등의 근본적인 원인을 이해하고 이를 토대로 조정과 타협을 촉진하여 갈등을 해소해야 합니다.

역할 갈등이 발생할 때 리더는 문제 해결을 위한 적절한 방향성을 제시해야 합니다. 이를 위해 리더는 구성원들 간의 의견을 종합하고, 조직의 목표와 가치를 고려하여 결정을 내려야 합니다. 결정력을 발휘하는 것은 조직 내 역할 갈등을 효과적으로 해결하는 데에 중요한 요소입니다.

역할 갈등을 해결하기 위해서는 리더십은 적극적인 의사소통을 촉진해야 합니다. 리더는 역할 및 책임에 대한 명확한 지침을 제공하고, 각 구성원 간의 의견을 수렴하며 개방적인 대화를 유도해야 합니다. 이는 갈등을 예방하고 해소하는 데에 핵심적인 역할을 합니다.

리더십은 팀워크와 협력을 촉진하여 역할 갈등을 해결하는 데에 도움을 줄 수 있습니다. 리더는 구성원 간의 상호 작용을 유도하고, 팀의 목표 달성을 위해 상호 협력을 촉진해야 합니다. 이는 역할 갈등을 효과적으로 관리하고 해소하는 데에 필수적입니다.

Ⅲ 반론 제기

1 역할 규정의 명확화만으로는 모든 역할 갈등을 해결하기 어렵습니다. 실제 상황에서는 유연성과 협력이 필요한 경우가 많습니다.

조직 내부에서는 다양한 상황과 환경이 존재하기에 역할 규정의 명확화만으로는 모든 역할 갈등을 예방하거나 해결하기에는 한계가 있기에 각 상황에 맞는 유연한 대응이 필요합니다. 각 구성원은 개인적인 성향과 요소를 가지고 있으며, 이는 역할 갈등을 발생시키는 중요한 요소 중 하나입니다. 역할 규정의 명확화는 이러한 다양성을 고려하지 못하고, 개인의 선호도와 유연성을 고려하지 않는 경우 갈등이 발생할 수 있습니다.

또는 조직은 외부적인 변화와 요구에도 대응해야 합니다. 이러한 변화와 요구에 유연하게 대응하기 위해서는 역할 규정의 명확화만으로는 충분하지 않습니다. 대신, 유연성과 협력을 바탕으로 한 적응과 조정이 필요합니다. 더불어 팀 내부에서는 구성원 간의 협력과 융합이 중요합니다.

역할 규정의 명확화는 각 역할의 경계를 명확히 하지만, 팀 내 협력을 위해서는 유연성과 협력이 필요합니다. 이는 다양한 역할 간의 상호 작용을 원활히 하기 위함입니다.

2 조직 내 의사소통 채널의 개선은 시간과 비용이 많이 소모되는 작업일 수 있습니다. 실제 효과를 입증하기 위한 노력이 필요합니다.

새로운 의사소통 채널을 도입하거나 기존 채널을 개선하는 것은 시간과 비용이 많이 소모될 수 있습니다. 새로운 기술 도입, 직원 교육, 시스템 통합 등은 모두 추가적인 비용과 시간이 필요한 작업입니다. 의사소통 채널의 개선이 실제로 조직에 어떤 영향을 미치는지 입증하기 위해서는 충분한 노력과 자료 수집이 필요합니다. 이를 위해서는 효과적인 측정 지표를 개발하고, 적절한 시간을 투자하여 변화의 결과를 평가하는 것이 중요합니다.

의사소통 채널의 개선은 종종 조직 내부의 문화적 변화를 요구합니다. 이는 단순히 기술적인 측면뿐만 아니라 조직 구성원들의 태도와 행동에도 변화를 요구하는 것을 의미합니다. 이러한 문화적 변화는 시간과 노력이 필요한 작업입니다. 더불어 의사소통 채널의 개선은 일회성 작업이 아닌 지속적인 관리와 평가가 필요합니다. 시간이 지나면 조직의 요구 사항이나 환경이 변화할 수 있으며, 이에 따라 의사소통 채널도 적응해야 합니다.

3 역할 갈등은 종종 조직 문화나 리더십 스타일과 관련이 있습니다. 이를 고려하지 않고 해결 전략을 구상할 경우 더 큰 문제를 야기할 수 있습니다.

조직의 문화는 구성원들의 행동 및 태도를 크게 영향을 미칩니다. 역할 갈등이 발생할 때, 조직 문화의 요인들이 갈등을 격화시킬 수 있습니다.

예를 들어, 경쟁적인 문화나 소통 부재 등은 역할 갈등을 증가시킬 수 있습니다. 리더의 태도와 행동은 조직 내 역할 갈등을 해소하는데 결정적인 역할을 합니다. 리더십이 존중과 협력을 장려하지 않거나, 역할 및 책임을 명확히 지시하지 않는다면 역할 갈등은 더 심각해질 수 있습니다.

역할 갈등을 단순히 역할 규정의 명확화나 갈등 조정만으로 해결하려는 시도는 종종 실패할 수 있습니다. 이는 조직 문화나 리더십 스타일이 갈등의 근본적인 원인이 될 수 있기 때문입니다. 역할 갈등을 해결하기 위해서는 조직 문화와 리더십 스타일을 고려하여 종합적인 접근이 필요합니다. 역할 갈등의 근본적인 원인을 파악하고, 조직 내에서 문화적 변화를 촉진하며, 리더십의 역할을 강화하여 효과적으로 관리해야 합니다.

IV　대안 제시

1 교육 및 트레이닝 프로그램 실시: 역할 갈등 관리에 대한 교육과 훈련을 통해 조직 구성원들의 역량을 향상시키는 것이 유익합니다.

2 역할 갈등 해결을 위한 중재 프로세스 구축: 역할 갈등 발생 시 중재자를 통해 갈등을 조정하고 해결할 수 있는 프로세스를 도입하는 것이 도움이 됩니다.

V　다양한 연관 발표 토론 주제

1 리더십 스타일과 역할 갈등 해소 전략

참여적 리더십은 구성원들에게 의견을 존중하고 감정적으로 공감하는 리더십 스타일을 의미합니다. 이러한 리더십은 역할 갈등 해결을 위해 중요한 역할을 합니다. 리더는 구성원들의 의견을 수렴하고 역할 갈등에 대한 해결책을 함께 모색함으로써 갈등을 조정할 수 있습니다.

지시적 리더십은 명확한 지침과 방향을 제시하여 구성원들을 이끄는 리더십 스타일을 의미합니다.

이 스타일의 리더십은 역할 갈등이 발생했을 때 빠르게 대응할 수 있으며, 구성원들에게 명확한 역할과 책임을 부여함으로써 갈등을 해소할 수 있습니다.

상황적 리더십은 상황에 따라 적절한 리더십 스타일을 채택하는 것을 의미합니다. 역할 갈등 해소에 있어서도 상황적 리더십은 중요한 역할을 합니다. 리더는 상황을 면밀히 분석하고, 해당 상황에 적합한 리더십 스타일을 채택하여 역할 갈등을 효과적으로 해결할 수 있습니다.

자기 주도적 리더십은 구성원들에게 자율성과 책임을 부여하고, 자기 조절과 자기 관리를 장려하는 리더십 스타일을 의미합니다. 이 스타일의 리더십은 역할 갈등이 발생했을 때 구성원들에게 자율적으로 문제를 해결하고 협력하도록 유도함으로써 갈등을 해소할 수 있습니다.

② 다양성과 역할 갈등: 문화적 차이에 대한 대응 전략

다양한 문화적 배경을 가진 구성원 간의 역할 갈등을 관리하기 위해서는 먼저 서로의 문화를 이해하고 존중해야 합니다. 리더십은 조직 내의 문화적 다양성을 즐기고 이를 활용하여 팀의 성과를 높이는데 기여할 수 있습니다.

문화적 차이로 인한 역할 갈등은 종종 의사소통 부재에서 비롯됩니다. 리더십은 구성원 간의 개방적이고 투명한 의사소통을 촉진하여 갈등을 예방하고 해소할 수 있어야 합니다.

문화적으로 다양한 팀이 효과적으로 협력하고 역할 갈등을 해소하기 위해서는 공동 목표를 설정하는 것이 중요합니다. 리더십은 구성원들이 모두 동의할 수 있는 목표를 설정하고 이를 달성하기 위해 노력해야 합니다.

문화적 차이를 이해하고 존중하기 위한 교육과 훈련은 역할 갈등 관리에 있어서 중요한 요소입니다. 리더십은 구성원들에게 문화 교육을 제공하고 문화 간의 이해를 높이는 활동을 촉진해야 합니다.

문화적 차이로 인한 역할 갈등이 발생한 경우, 리더십은 중재와 조정을 통해 갈등을 해결해야 합니다.

리더는 각 구성원들의 의견을 고려하고 공정한 결정을 내리는 역할을 수행해야 합니다.

❸ 역할 갈등과 조직 문화: 조직적 가치와의 일치를 위한 노력

조직적 가치는 구성원들이 공유하고 존중해야 할 중요한 지침이며, 이는 역할 갈등을 관리하는 데에도 중요한 역할을 합니다. 조직적 가치와의 일치를 위해서는 각 구성원의 역할이 조직적 가치를 반영하고 지지해야 합니다.

역할과 책임이 조직적 가치와 일치하지 않는 경우 역할 갈등이 발생할 수 있습니다.

조직 리더십은 조직적 가치를 촉진하고 강화하는 데에 중요한 역할을 합니다. 리더십은 조직 내에서 존중, 협력, 공정함 등의 가치를 강조하고 모범을 보여야 합니다.

이는 조직 문화를 형성하고 역할 갈등을 예방하는 데에 도움이 됩니다. 조직적 가치와의 일치를 위해서는 때로는 문화적 변화가 필요할 수 있습니다. 리더십은 구성원들에게 조직적 가치에 대한 교육을 제공하고, 조직 문화를 조정하여 조직 내에서 가치와의 일치를 강화할 수 있습니다.

또한 조직은 구성원들로부터 피드백을 수렴하고 조직적 가치와의 일치를 개선하는 데에 주기적으로 노력해야 합니다. 역할과 책임이 조직의 가치와 일치하지 않을 경우에는 구성원들과 협력하여 문제를 협력하여 문제를 해결하고 조직을 개선할 수 있습니다.

33 환율 정책과 경제 안정

: 환율 변동성이 경제에 미치는 영향과
중앙은행의 역할에 대한 토론 발표

I 주요 내용과 주장

환율 변동은 국제 무역, 외국인 투자, 경제 성장 등에 영향을 미치는 중요한 요인입니다.

환율 변동성은 수출업체와 수입업체에 영향을 주며, 특히 수출 기반 경제에 큰 영향을 미칠 수 있습니다. 중앙은행은 안정적인 환율 정책을 통해 경제의 안정성을 유지하고, 금융 시장의 안정성을 확보하는데 중요한 역할을 합니다.

II 토론 발표의 주요 질문과 쟁점

1 환율 변동성이 경제에 미치는 실질적인 영향은 무엇인가?

환율의 변동성은 수출과 수입 기업의 수익에 직접적인 영향을 미칩니다. 강한 통화는 수출 기업에게 이익을 줄 수 있지만, 수입 기업에게는 부담이 될 수 있습니다. 이는 무역 수지의 흑자 또는 적자에 영향을 미칩니다.

또한 외국 화폐 가치의 변동은 수입 제품의 가격에 영향을 줍니다. 강한 통화는 수입 제품 가격을 낮추어 소비자에게 이익을 줄 수 있지만, 약한 통화는 수입 제품 가격을 올려 소비자의 물가 상승을 야기할 수 있습니다. 더불어 환율 변동성은 외국인 투자에도 영향을 미칩니다. 높은 변동성은 투자자들의 위험을 증가시켜 외국인 투자 유치에 제약을 가할 수 있으며, 자본 유출을 촉진할 수 있습니다.

안정적인 환율은 경제의 성장과 안정성에 긍정적인 영향을 미칩니다. 과도한 변동성은 투자와 소비에 불확실성을 초래하여 경제의 안정성을 해칠 수 있습니다.

② 중앙은행은 어떻게 환율 변동성을 관리하고 경제 안정성을 유지하는가?

중앙은행은 기준 금리를 조절하여 환율 변동성을 관리합니다. 금리 인상은 통화 가치를 올려 환율을 상승시키고, 금리 인하는 통화 가치를 낮춰 환율을 하락시킵니다.

필요에 따라 외환 시장에 개입하여 환율을 안정시키기도 하는데, 이는 환율의 과도한 상승 또는 하락을 방지하고 경제의 안정성을 유지하는데 도움이 됩니다.

또한 중앙은행은 외화 스와핑이나 외화 보유를 통해 외환 시장에 필요한 유동성을 제공하고 환율 변동성을 줄이는데 기여합니다. 더불어 정책 결정과 이유를 투명하게 공개하여 시장의 예측 가능성을 높이고, 시장 참여자들과의 커뮤니케이션을 통해 안정성을 강화합니다. 경제 전망을 분석하고 시장 리스크를 감지하여 적절한 대응책을 마련하여 경제 안정성을 유지하는 것도 중요한 역할입니다.

❸ 환율 정책의 선택은 어떻게 경제의 다양한 측면에 영향을 미치는가?

환율 정책은 수출과 수입의 가격을 조절함으로써 무역 수지에 영향을 미칩니다. 강한 통화는 수출 촉진과 수입 제한을 돕고, 약한 통화는 수출을 제한하고 수입을 촉진합니다. 또한 외국인 투자에도 영향을 미치며, 안정적인 환율은 외국인 투자를 유치하는데 도움이 됩니다.

환율 변동은 수입 제품의 가격을 변화시킴으로써 소비자 물가와 인플레이션에 영향을 줍니다. 강한 통화는 수입 제품의 가격을 낮추고 인플레이션을 저하시키는 반면, 약한 통화는 수입 제품의 가격을 올려 인플레이션을 상승시킵니다.

강한 통화는 수출 기업에게는 불리할 수 있지만, 수입 기업이나 내수 산업에게는 유리할 수 있습니다. 따라서 환율 정책은 경제 성장과 수출 기업의 경쟁력에도 영향을 미칩니다. 너무 큰 환율 변동성은 금융 시장에 불안을 초래할 수 있으며, 투자자들의 리스크 회피 행동을 유발할 수 있습니다.

따라서 안정적인 환율 정책은 금융 시장의 안정성을 유지하는 데 중요한 역할을 합니다.

III 반론 제기

1 일부는 환율 변동성이 수출 기업에 유리하다고 주장합니다. 그러나 이는 수입 기업에 부정적인 영향을 미치는 것을 간과하고 있습니다.

수출 기업이 강한 통화에 의해 이익을 얻을 수 있다는 주장은 일부 분석가들 사이에서 흔히 나오는 주장입니다. 그러나 이 주장은 수입 기업이나 내수 산업에 미치는 부정적인 영향을 무시하고 있다는 점에서 한계가 있습니다.

예를 들어, 강한 통화는 해외에서 제품을 판매하는 수출 기업에게는 이익을 줄 수 있지만, 동시에 수입 기업에게는 부담을 줄 수 있습니다.

외국 제품의 가격이 낮아져 수입 제품에 대한 경쟁력이 감소하면서 수입 기업은 매출이 감소하고 이익을 줄일 수 있습니다. 이는 전체적으로 경제에 부정적인 영향을 미칠 수 있습니다.

2 중앙은행이 환율을 안정시키려고 하는 것이 경제에 좋은지에 대한 의문이 있습니다.

유동성 함정은 중앙은행이 시장에 충분한 유동성을 제공하지 못할 경우 발생할 수 있는 상황을 가리킵니다. 이 경우, 환율이 예상치 못한 변동성을 보일 수 있으며, 이는 경제의 불안정성을 증가시킬 수 있습니다. 따라서 중앙은행이 환율을 안정시키는 것은 이러한 유동성 함정을 방지하고 경제의 안정성을 유지하는데 도움이 될 수 있습니다.

또한 마이 프레임 효과는 시장 참여자들의 심리에 영향을 주는 현상을 말합니다. 중앙은행이 환율을 안정시키는 정책을 채택함으로써 시장 참여자들은 경제의 안정성을 높게 평가하고 이에 따라 자신들의 행동을 조정할 수 있습니다. 이는 투자, 소비 및 경제 활동의 다른 측면에서 긍정적인 영향을 미칠 수 있습니다.

더불어 중앙은행이 환율을 안정시키려는 것은 경제에 좋은 영향을 미칠 수 있습니다. 안정된 환율은 투자, 소비, 수출 및 수입 등의 경제 활동을 예측 가능하게 하고, 경제의 불안정성을 줄여 경제의 안정성을 증진시킬 수 있습니다. 따라서 중앙은행의 역할은 환율을 관리함으로써 경제 안정성을 유지하는 데 중요한 역할을 합니다.

IV 대안 제시

1 중앙은행은 안정적인 환율 정책을 유지하면서도 변동성에 대응할 수 있는 정책을 마련해야 합니다.

중앙은행은 기본 금리를 조절하여 환율 변동에 대응할 수 있습니다. 강한 화폐의 경우 금리를 낮추어 환율을 조절하고, 약한 화폐의 경우 금리를 인상하여 환율을 안정화시킬 수 있습니다. 또한 중앙은행은 필요한 경우 외환 시장에 개입하여 환율을 안정시키는데 기여할 수 있습니다. 예를 들어, 시장에서 과도한 화폐 가치 하락이 예상될 때 외환 보유액을 이용하여 시장에 화폐를 공급함으로써 화폐 가치를 유지할 수 있습니다.

더불어 중앙은행은 다른 중앙은행과의 통화 스와핑 협정을 체결하거나 외화를 보유함으로써 금융 시장에서의 유동성을 유지하고 환율 변동성을 완화할 수 있습니다.

환율 정책에 대응하는 또 다른 방법은 정책 결정의 투명성을 높여 시장 참여자들에게 확신을 시켜주는 것이 중요합니다. 적절한 시기에 정책 변화를 명확하게 커뮤니케이션함으로써 시장의 불확실성을 감소시킬 수 있습니다.

경제 예측의 측면에서는 미래의 환율 변동 가능성을 파악하고, 가능한 리스크에 대비함으로써, 조기에 대응할 수 있으며 시장의 불안정성을 최소화할 수 있습니다.

2 정부와 중앙은행은 투명하고 효과적인 환율 정책을 위한 협력을 강화해야 합니다.

정부와 중앙은행의 협력은 환율 정책의 일관성을 강화합니다. 정부의 경제 정책과 중앙은행의 통화 정책이 조화롭게 작동하면서 환율 정책의 목표 달성에 효과적으로 기여할 수 있습니다. 또한 경제와 금융 시장에 대한 정보를 공유하고 필요한 데이터를 제공함으로써 정확한 환율 정책 결정을 돕습니다. 이는 정확한 분석과 예측을 통해 적절한 정책 조치를 취할 수 있게 합니다.

더불어 정부와 중앙은행의 협력은 투명성과 신뢰를 구축하는데 중요한 역할을 합니다. 공개적이고 투명한 의사소통은 시장 참여자들에게 안정성과 예측 가능성을 제공하여 환율 변동성을 감소시킵니다.

마지막으로 정부와 중앙은행의 협력은 금융 시장에서의 긴장을 완화하고 시장 안정성을 유지하는데 도움을 줄 수 있습니다. 당사자 간의 협력은 금융 시장의 불안을 완화하고 금융 거래의 원활한 진행을 돕는데 중요한 역할을 합니다.

V 다양한 연관 발표 토론 주제

■ 금융 시장의 변화와 환율 변동성의 관계

금융 시장에서의 불안 요인은 환율 변동성을 증가시킬 수 있습니다. 예를 들어, 금융 위기나 정치적 불안 등의 요인은 투자자들의 심리를 불안하게 하고 환율 변동성을 증폭시킬 수 있습니다. 금융 시장에서의 대규모 자금 이동은 환율에 영향을 줄 수 있습니다. 투자자들이 한 국가로 자금을 이동시키면 해당 국가의 화폐의 가치가 상승하게 되어 환율이 올라가고, 그 반대의 경우에는 환율이 하락할 수 있습니다.

또한 금융 시장의 변화는 종종 투자자들의 심리에 큰 영향을 미칩니다. 금융 시장의 불안 요인이 증가하면 투자자들은 위험을 회피하려고 하면서 안전 자산으로의 이동을 촉진시키는데, 이러한 심리적 영향이 환율 변동성을 증가시킬 수 있습니다. 정책 변화와 관련하여, 중앙은행의 통화 정책 변화나 정부의 경제 정책 변화는 환율에 영향을 미칠 수 있으며, 이는 금융 시장의 변화와 연결되어 있습니다.

2 국제 무역과 환율 정책의 상호 작용

환율은 국제 무역에서의 수출 및 수입 가격을 결정하는 주요 요소 중 하나입니다. 국내 통화의 가치 변동은 수출 상품의 가격 경쟁력과 수입 상품의 가격을 직접적으로 영향을 줍니다. 환율 정책은 국제 무역의 수지를 조절하는데 중요한 역할을 하며, 강한 화폐는 수출을 제한하고 수입을 촉진할 수 있으며, 약한 화폐는 수출을 촉진하고 수입을 제한할 수 있습니다.

국제 무역은 경제 성장과 일자리 창출에 중요한 영향을 미칩니다. 환율 정책은 국제 무역을 통해 이러한 요소들을 조절하고 경제 안정성을 유지하는데 기여할 수 있습니다. 국제 무역에서의 환율 변동은 외환 시장의 안정성에도 영향을 미치는데, 적정한 환율 정책을 통해 외환 시장의 불안 요인을 완화하고 경제의 안정성을 유지하는데 중앙은행이 중요한 역할을 합니다.

3 환율 변동이 경제 주체들의 행동에 미치는 영향에 대한 심리학적 연구

환율의 급격한 변동은 소비자들의 소비 심리에 영향을 미칠 수 있습니다. 환율 하락은 수입 제품의 가격이 상승할 것으로 예상되어 소비자들이 소비를 절약하려는 경향이 생길 수 있습니다. 환율 변동은 투자자들의 투자 심리에도 영향을 미칩니다. 안정적인 환율은 투자에 대한 신뢰를 높일 수 있지만, 불안정한 환율은 투자자들의 위험 회피 경향을 증폭시킬 수 있습니다.

또한 환율 변동은 수출 기업의 경영 심리에도 영향을 미칩니다. 강한 화폐는 수출 기업의 수익을 감소시킬 수 있으며, 이는 기업의 생산 및 고용에 영향을 미칠 수 있습니다. 금융 시장에서의 환율 변동은 투자자들의 심리에도 영향을 미치는데, 급격한 환율 변동은 투자자들의 불안을 증폭시키고 금융 시장의 변동성을 증가시킬 수 있습니다.

34 지위와 책임

: 리더십의 균형

I 주요 내용과 주장

리더십은 지위와 책임이 밀접하게 연관되어 있습니다. 지위에 따라 책임이 부여되며, 책임을 통해 지위가 정당화됩니다. 리더는 자신의 지위에 책임을 따라야 하며, 이를 통해 조직 내부의 안정성과 성공을 보장할 수 있습니다.

II 토론 발표의 주요 질문과 쟁점

1 지위와 책임의 균형은 어떻게 유지되어야 하는가?

리더십은 지위와 책임이 균형을 이루는 것으로 정의됩니다. 지위는 책임을 수행하는데 필요한 권한과 책임의 기반이 되며, 책임은 조직과 팀의 목표 달성을 위한 효과적인 지원과 조절을 의미합니다.

리더는 자신의 지위에 따라 책임을 적절히 수행해야 합니다. 이는 일관된 의사 결정과 행동으로 나타납니다. 책임 없이 행사되는 권한은 조직 내부의 불안과 불신을 초래할 수 있습니다.

지위와 책임의 균형은 투명하고 공정한 의사 결정에서 비롯됩니다. 리더는 조직 구성원에게 자신의 의사 결정과 행동에 대한 이유를 설명하고, 공정한 절차를 준수해야 합니다. 리더는 피드백을 수렴하고 개선하는데 책임을 져야 합니다. 지위를 통해 조직이 방향을 제시하고, 책임을 통해 발전적인 피드백을 수용하여 조직을 성장시켜야 합니다.

리더는 지위에 따른 책임을 통해 문제 해결과 비상 대응 능력을 발휘해야 합니다.

비상 상황에서도 안정적이고 효과적인 리더십을 통해 조직 구성원들에게 안정감을 제공할 수 있습니다. 지위와 책임의 균형은 리더가 조직적 영향력을 활용하여 목표를 달성하고 조직을 성공적으로 이끌어 내는데 중요한 역할을 합니다.

② 리더는 어떻게 자신의 지위에 책임을 따를 수 있는가?

리더는 자신의 지위에 따른 책임을 인식하고 예의를 갖춰야 합니다. 투명하고 공정한 의사 결정과 행동을 통해 조직 내부의 신뢰를 유지할 수 있습니다. 책임 있는 리더는 적극적으로 소통하고 리더십을 발휘해야 합니다. 구성원들과의 대화를 통해 의견을 듣고 조언을 구하며, 목표를 달성하기 위한 효과적인 방향을 제시해야 합니다.

리더는 피드백을 수용하고 개선에 적극적으로 참여해야 합니다. 자신의 지위에 상응하는 책임을 통해 조직의 성과를 개선하고 발전시킬 수 있습니다. 리더는 문제 발생 시 지위에 따른 책임을 통해 문제를 해결하고 위기를 관리해야 합니다. 책임 있는 리더십은 조직 구성원들에게 안정감을 제공하고 문제를 극복하는데 중요한 역할을 합니다.

리더는 자신의 행동과 의사 결정을 통해 올바른 예를 보여주어야 합니다. 책임 있는 리더십은 지위에 따른 행동의 모범을 제시하고, 조직 내부의 가치와 원칙을 지키는데 중요한 역할을 합니다. 리더는 자신의 지위에 책임을 따르기 위해 지속적인 자기 성장과 발전을 위한 노력을 기울여야 합니다.

학습과 개발을 통해 역량을 향상시키고 조직의 목표를 달성하는데 도움이 됩니다.

❸ 지위가 높을수록 책임도 커져야 하는가?

일반적으로 지위가 높을수록 그에 상응하는 책임이 커져야 한다는 주장이 있습니다. 이는 리더십의 본질에 대한 이해와 조직 내의 균형을 유지하는데 중요합니다. 지위가 높은 사람은 조직 내부에서 올바른 예를 보여야 하며, 공정한 의사 결정을 내릴 책임이 있습니다. 그렇지 않으면 조직 내의 신뢰와 안정성이 훼손될 수 있습니다.

지위가 높은 사람은 조직의 목표 달성을 위해 책임을 져야 합니다. 이는 조직의 방향성과 전략적 결정에 대한 책임을 맡는 것을 의미합니다. 지위가 높은 사람은 피드백을 수용하고 개선에 적극적으로 참여해야 합니다. 조직 내부의 문제점을 해결하고 개선하기 위해 노력해야 합니다.

지위가 높은 사람은 올바른 리더십의 모범을 보여야 합니다. 이는 조직 내부의 가치와 원칙을 준수하고, 구성원들에게 올바른 방향을 제시하는 것을 의미합니다.

III 반론 제기

1 일부는 지위가 높을수록 책임이 낮아지는 경향이 있다고 주장합니다. 이로 인해 부당한 혜택을 누리는 경우가 발생할 수 있습니다.

일부 사람들은 지위가 높을수록 책임이 간소하고 부당한 혜택을 누리는 경향이 있다고 주장합니다.

이는 권력을 남용하고 개인적 이익을 추구하는데, 이어질 수 있습니다. 지위가 높은 사람들이 책임을 회피하거나 결정을 피하는 경향은 조직 내부의 문제를 해결하지 않고 무시하는 결과로 이어질 수 있습니다.

또한 지위가 높은 사람들은 책임을 회피하기 위해 자신의 실수나 잘못된 결정을 다른 사람에게 돌리는 경향이 있을 수 있습니다. 이는 조직 내부의 문제 해결을 방해할 수 있습니다.

일부 경우에는 조직 문화나 제도적 결함으로 인해 지위가 높은 사람들이 책임을 회피하거나 불공정하게 혜택을 누릴 수 있는데, 이는 조직 내의 균형과 안정성을 위협할 수 있습니다. 책임이 낮아지는 경향이 있는 경우, 투명성과 감시가 부족할 수 있습니다. 이는 부정부패와 불공정한 조직 문화를 유발할 수 있습니다.

IV 대안 제시

1 리더는 지위에 상응하는 책임을 다해야 하며, 조직 내부의 투명성과 공정성을 유지하는 것이 중요합니다.

리더는 조직 내에서 책임을 다하고 리더십의 역할에 적합한 행동을 보여야 합니다. 리더는 조직 내부의 투명성을 강화하여 모든 구성원이 의사 결정 과정에 참여할 수 있도록 해야 합니다. 이는 조직의 신뢰와 투명성을 높이고 리더의 행동을 감시하는데 도움이 됩니다.

리더는 조직 내부의 공정성을 유지하고 모든 구성원을 공평하게 대우해야 합니다. 공정한 리더십은 조직 구성원 간의 신뢰를 증진시키고 협력과 협업을 촉진합니다. 리더는 공정한 의사 결정과 책임 있는 행동을 보여 리더십의 올바른 모범을 제시할 수 있습니다.

리더는 조직 내부의 문화를 변화시키고 책임 있는 리더십을 장려해야 합니다. 이는 조직 전체의 효율성과 성과를 향상시키는데 중요한 역할을 합니다.

2 지위에 따른 책임 이행을 장려하고 지위의 남용을 방지하기 위해 인센티브와 제재 체계를 도입할 필요가 있습니다.

지위에 따른 책임을 충실히 이행하기 위해 리더는 자신의 역할과 의무를 명확히 이해하고 조직의 목표 달성을 위해 최선을 다해야 합니다. 지위의 남용은 조직 내부에서의 부당한 행동을 초래할 수 있기에 이를 방지하기 위해 제재 체계가 필요합니다. 제재는 부당한 행동에 대한 엄격한 조치를 의미하며, 이는 조직의 안정성과 신뢰를 유지하는데 중요합니다.

책임 있는 리더십은 보상과 인센티브를 통해 장려되어야 합니다. 적절한 인센티브 제도를 도입하여 책임 있는 리더를 장려하고, 성과를 공정하게 평가하여 그에 상응하는 보상을 제공해야 합니다. 리더십은 인센티브와 제재 체계를 운영하는데 있어서 투명성과 공정성을 유지하고, 구성원들의 의견을 적극 수렴하여 공정한 평가를 보장해야 합니다.

지위와 책임에 대한 교육과 지원 프로그램을 도입하여 리더십의 역할과 책임에 대한 이해를 높일 수 있습니다. 이는 책임 있는 리더를 육성하고 조직의 성과를 향상시키는데 도움이 됩니다.

V 다양한 연관 발표 토론 주제

❶ 지위와 책임의 불균형이 조직 내 문화에 미치는 영향

지위와 책임의 불균형은 조직 내에서 리더십의 신뢰를 저하시킵니다. 책임이 없는 지위 책임자는 자신의 행동에 대한 책임을 회피할 수 있으며, 이로 인해 구성원들의 신뢰를 잃을 수 있습니다. 책임이 있는 지위 책임자가 부당한 혜택을 누리거나 책임을 회피할 경우, 조직 내에서 부정적인 문화가 형성될 수 있습니다. 이는 조직의 성과를 저하시키고 윤리적인 문제를 야기할 수 있습니다. 또한 책임 없이 지위를 가진 리더는 업무 수행에 대한 동기 부여가 낮아질 수 있습니다. 이는 조직 내에서 업무 효율성을 저하시키고 구성원들의 참여와 협력을 억제할 수 있습니다.

지위와 책임의 불균형은 조직 내에서 갈등을 증가시킬 수 있습니다. 책임 있는 리더와 그렇지 않은 리더 간의 갈등은 조직의 협업과 의사 결정에 부정적인 영향을 미칠 수 있습니다.

책임 없는 지위 책임자의 부정적인 행동은 조직의 목표 달성을 어렵게 만들 수 있습니다. 이는 조직의 성과와 경쟁력을 저하시킬 수 있으며, 장기적으로는 조직의 생존을 위협할 수 있습니다.

❷ 리더십의 균형이 조직의 혁신과 성장에 미치는 영향

책임 있는 리더십은 조직 구성원들에게 창의적인 아이디어를 유도하고 존중하는 문화를 조성합니다. 이는 조직 내에서 혁신적인 사고와 아이디어를 발전시키는데 도움이 됩니다. 책임 있는 리더십은 구성원들에게 자율성과 자기 주도적인 행동을 장려합니다. 이는 조직 내에서 변화를 주도하고 적응할 수 있는 유연성을 키우며, 혁신적인 프로젝트와 이니셔티브를 촉진합니다.

또한 책임 있는 리더십은 실험과 실패를 허용하는 문화를 조성합니다. 이는 조직 구성원들이 새로운 아이디어를 시도하고 실패를 통해 배우는 과정을 격려하며, 혁신적인 사고를 유도합니다. 책임 있는 리더십은 조직 내부의 역량을 강화하는데 주력합니다. 이는 구성원들의 역량을 개발하고 조직의 지식과 경험을 총동원하여 혁신적인 해결책을 모색하는데 도움이 됩니다.

책임 있는 리더십은 외부 환경의 변화에 민감하게 대응하는 능력을 강화합니다. 이는 조직이 빠르게 변화하는 시장에서 경쟁력을 유지하고 성장할 수 있는 기반을 마련하는데 중요합니다.

❸ 지위와 책임의 균형이 조직 구성원의 복지와 만족도에 미치는 영향

지위와 책임의 균형이 유지되면 조직 내부에 신뢰가 형성됩니다. 이는 구성원들이 리더십에 대한 신뢰를 가지고 조직에 더 긍정적으로 참여하며, 이는 복지와 만족도를 높이는데 기여합니다. 책임 있는 리더십은 성과를 공정하게 평가하고 보상하는 문화를 조성합니다. 이는 지위와 책임의 균형이 유지될 때 조직 구성원들이 노력에 대한 공정한 보상을 받을 수 있어 복지와 만족도를 높일 수 있습니다.

또한 지위와 책임의 균형이 유지되면 구성원들의 업무 만족도
가 향상됩니다. 이는 업무에 대한 책임과 자율성을 가지면서도 적
절한 리더십 지원을 받을 때 발생하며, 이는 조직 구성원들의 복
지와 만족도를 높이는 데 도움이 됩니다. 책임 있는 리더십은 조
직 내부의 안정성을 제공합니다.

지위와 책임의 균형이 유지되면 구성원들은 조직 내에서 자신
의 역할과 기여를 이해하고 감정적 안정성을 얻을 수 있으며, 이는
복지와 만족도를 향상시킵니다.

더불어 지위와 책임의 균형이 유지되면 구성원들이 혁신적인
아이디어를 제안하고 실험할 수 있는 환경을 조성할 수 있습니다.
이는 조직의 혁신과 성장을 촉진하며, 이는 복지와 만족도를 높이
는데 기여합니다.

저자 소개

김혜남 / 한국진로진학정보원
　　　서울특별시교육청 대학진학지원단 부장
　　　서울특별시 진학부장협의회 회장
　　　대교협 대표강사/상담교사
　　　EBS출연교사/강남구청 인터넷수능방송강사
　　　언론입시자문위원(조선일보, 중앙일보)
　　　대학입시자문위원(연세대, 성균관대, 한양대, 경희대, 중앙대, 홍익대, 경기대 등)
　　　입시칼럼니스트(주간동아, 조선에듀, 주간한경, 내일신문)
　　　교총연수원/서울특별시 교육연수원 교수
　　　진로진학상담교사 연수 교수요원
　　　대학강의(성균관대, 인하대, 순천향대) 등을 역임

유석용 / 백산고등학교 교장
　　　서라벌고 진학/교무부장
　　　서울진학지도협의회 회장
　　　전국진학지도협의회 수석대표
　　　TBS 〈기적의 TV 상담받고 대학가자〉
　　　생방송 패널
　　　주요 15개 대학 입학정책 자문위원 등을 역임
　　　저서 《톡!톡! 수시코칭》 《고3 사용설명서》

박창숙 / 예일여자고등학교 교감
　　　서울특별시교육청 대학진학지원단 자문위원
　　　서울특별시교육청 직무연수강사
　　　주요 10개 대학 자문위원
　　　EBS 입시칼럼 집필위원 등을 역임
　　　저서 《자기소개서를 공략하라》 《면접보고 대학가자》

이윤림 / 마포대치써미트 국어논술원장
　　　목동명인학원 국어/논술
　　　분당에이팩스 논술학원
　　　마포미탐 국어논술 등을 역임

토론 발표 34

:학업과 학종을 위한 실전 가이드

1판 1쇄 발행   2024년 8월 12일

지은이   김혜남 유석용 박창숙 이윤림
발행인   최봉규

발행처   지상사(청홍)
등록번호   제2017-000075호
등록일자   2002. 8. 23.
주소   서울 용산구 효창원로64길 6(효창동) 일진빌딩 2층
우편번호   04317
전화번호   02)3453-6111 팩시밀리   02)3452-1440
홈페이지   www.jisangsa.com
이메일   c0583@naver.com

한국어판 출판권 ⓒ 지상사(청홍), 2024
ISBN   978-89-6502-334-0   03300